I0166324

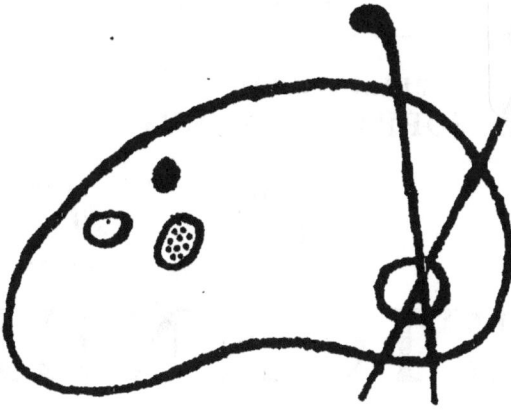

Début d'une série de documents
en couleur

S° R
5043

1743

Comispe la Couverture)

BIBLIOTHÈQUE
PHILOSOPHIE CONTEMPORAINE

LE
RATIONNEL

Études complémentaires à
L'ESSAI SUR LA CERTITUDE LOGIQUE

PAR

GASTON MILHAUD

Agrégé de mathématiques, Docteur ès lettres
Chargé de cours de philosophie à l'Université de Montpellier

..... νόησις ή ἐνέργεια · Ὥστ' ἐξ ἐνερ-
γείας ή δύναμις · καὶ διὰ τοῦτο ποιοῦντες
γιγνώσκουσιν.....

(ARISTOTE, *Métaphysique*, IX, p. 189, I, 14.)

━━━ ✦ ━━━

PARIS
ANCIENNE LIBRAIRIE GERMER BAILLIÈRE ET Cⁱᵉ
FÉLIX ALCAN, ÉDITEUR
108, BOULEVARD SAINT-GERMAIN, 108

1898

BIBLIOTHÈQUE DE PHILOSOPHIE CONTEMPORAINE
Volumes in-18 : chaque vol. broché : 2 fr. 50 c.

EXTRAIT DU CATALOGUE

H. Taine.
Philosophie de l'art dans les Pays-Bas. 2ᵉ édit.

Paul Janet.
Le Matérialisme cont. 6ᵉ éd.
Philos. de la Rév. franç. 5ᵉ éd.
Les origines du socialisme contemporain. 3ᵉ édit.
La philosophie de Lamennais.

Ad. Franck.
Philos. du droit pénal. 4ᵉ éd.
La religion et l'État. 2ᵉ édit.
Philosophie mystique au xviiiᵉ siècle.

Saigey.
La Physique moderne. 2ᵉ éd.

J. Stuart Mill.
Auguste Comte. 4ᵉ édit.
L'utilitarisme. 2ᵉ édit.

Ernest Bersot.
Libre philosophie.

Herbert Spencer.
Classification des scienc. 6ᵉ éd.
L'individu contre l'État. 4ᵉ éd.

Th. Ribot.
La Psych. de l'attention. 3ᵉ éd.
La Philos. de Schopen. 6ᵉ éd.
Les Mal. de la mém. 11ᵉ éd.
Les Mal. de la volonté. 11ᵉ éd.
Les Mal. de la personnalité 6ᵉ éd.

Hartmann (E. de).
La Religion de l'avenir. 4ᵉ éd.
Le Darwinisme. 5ᵉ édit.

Schopenhauer.
Essai sur le libre arbitre. 7ᵉ éd.
Fond. de la morale. 6ᵉ éd.
Pensées et fragments. 13ᵉ éd.

H. Marion.
Locke, sa vie, son œuvre. 2ᵉ éd.

L. Liard.
Logiciens angl. contem. 3ᵉ éd.
Définitions géomét. 2ᵉ éd.

O. Schmidt.
Les sciences naturelles et l'Inconscient.

Barthélemy-St Hilaire.
De la métaphysique.

Espinas.
Philosophie expér. en Italie.

Leopardi.
Opuscules et Pensées.

Zeller.
Christian Baur et l'École de Tubingue.

Stricker.
Le langage et la musique.

A. Binet.
La psychol. du raisonnement.

Gilbert Ballet.
Le langage intérieur. 2ᵉ édit.

Mosso.
La peur. 2ᵉ édit.
La fatigue. 2ᵉ édit.

G. Tarde.
La criminalité comparée. 3ᵉ éd.
Les transform. du droit. 2ᵉ éd.

Paulhan.
Les phénomènes affectifs.
J. de Maistre, sa philosophie.

Ch. Féré.
Dégénérescence et criminal.
Sensation et mouvement.

Ch. Richet.
Psychologie générale. 2ᵉ éd.

J. Delbœuf.
Matière brute et Mat. vivante.

L. Arréat.
La morale dans le drame. 2ᵉ éd.
Mémoire et imagination.

A. Bertrand.
La Psychologie de l'effort.

Guyau.
La genèse de l'idée de temps.

Lombroso.
L'anthropol. criminelle. 3ᵉ éd.
Nouvelles recherches de psychiat. et d'anthropol. crim.
Les applications de l'anthropologie criminelle.

Tissié.
Les rêves. 2ᵉ édit.

J. Lubbock.
Le bonheur de vivre. (2 vol.)
L'emploi de la vie. 2ᵉ édit.

E. de Roberty.
L'inconnaissable.
Agnosticisme. 2ᵉ édit.
La recherche de l'unité. 2ᵉ éd.
Aug. Comte et H. Spencer. 2ᵉ édition.
Le Bien et le Mal.
Le psychisme social.

Georges Lyon.
La philosophie de Hobbes.

Queyrat.
L'imagination et ses variétés chez l'enfant. 2ᵉ édit.
L'abstraction dans l'éducation intellectuelle.
Les caractères et l'éducation morale.

Wundt.
Hypnotisme et suggestion.

Fonsegrive.
La causalité efficiente.

P. Carus.
La conscience du moi.

Guillaume de Greef.
Les lois sociologiques. 2ᵉ édit.

Gustave Le Bon.
Lois psychol. de l'évolution des peuples. 2ᵉ édit.
Psychologie des foules. 3ᵉ éd.

G. Lefèvre.
Obligat. morale et Idéalisme.

G. Dumas.
Les états intellectuels dans la mélancolie.

Durkheim.
Règles de la méthode sociolog.

P. F. Thomas.
La suggestion et l'éduc. 2ᵉ éd.

Dunan.
Théorie psychol. de l'espace.

Mario Pilo.
Psychologie du beau et de l'art.

R. Allier.
Philosophie d'Ernest Renan.

Lange.
Les émotions.

E. Boutroux.
Contingence des Lois de la nature. 2ᵉ édit.

G. Lechalas.
L'espace et le temps.

L. Dugas.
Le Psittacisme.
La Timidité.

C. Bouglé.
Les sciences soc. en Allem.

Marie Jaëll.
La musique et la psychophysiologie.

Max Nordau.
Paradoxes psycholog. 3ᵉ édit.
Paradoxes sociologiques.
Psycho-physiologie du génie et du talent. 2ᵉ édit.

J. Lachelier.
Fondem. de l'induction. 2ᵉ éd.

J.-L. de Lanessan.
Morale des philos. chinois.

G. Richard.
Le socialisme et la science sociale.

F. Le Dantec.
Le Déterminisme biologique.
L'Individualité.

Fierens-Gevaert.
Essai sur l'art contemporain.

L. Dauriac.
Psychologie dans l'Opéra français.

A. Cresson.
La morale de Kant.

P. Regnaud.
Précis de logique évolut.
Comment naissent les mythes.

Enrico Ferri.
Les criminels dans l'art et la littérature.

J. Novicow.
L'avenir de la race blanche.

G. Milhaud.
La certitude logique. 2ᵉ éd.
Le rationnel.

Herckenrath.
Problèmes d'esthétique et de morale.

F. Pillon.
Philos. de Ch. Secrétan.

H. Lichtenberger.
Philosophie de Nietzsche.

Coulommiers — Imp. Paul Brodard. — 846-97.

Fin d'une série de documents
en couleur

LE RATIONNEL

8° R
15043

DU MÊME AUTEUR

La théorie générale des fonctions de Paul du Bois-Reymond.
(Traduction en collaboration avec A. Girot.) Paris, Hermann,
1887.

Leçons sur les origines de la science grecque. Paris, F. Alcan, 1893.

Essai sur les conditions et les limites de la certitude logique.
2ᵉ édition. Paris, F. Alcan, 1898. 1 vol. in-18 de la *Bibliothèque
de philosophie contemporaine*.

Coulommiers. — Imp. Paul BRODARD. — 840-97.

LE
RATIONNEL

Études complémentaires à
L'ESSAI SUR LA CERTITUDE LOGIQUE

PAR

GASTON MILHAUD

Agrégé de mathématiques, Docteur ès lettres
Chargé de cours de philosophie à l'Université de Montpellier

..... νόησις ἡ ἐνέργεια · "Ωστ' ἐξ ἐνερ-
γείας ἡ δύναμις · καὶ διὰ τοῦτο ποιοῦντες
γιγνώσκουσιν.....
(ARISTOTE, *Métaphysique*, IX, p. 180, I, 14.)

———— ►◄ ————

PARIS

ANCIENNE LIBRAIRIE GERMER BAILLIÈRE ET Cⁱᵉ
FÉLIX ALCAN, ÉDITEUR
108, BOULEVARD SAINT-GERMAIN, 108
—
1898
Tous droits réservés.

LE RATIONNEL

INTRODUCTION

Les études que renferme ce volume répondent toutes de près ou de loin à quelques préoccupations que je voudrais faire comprendre autrement que par le simple titre placé en tête de l'ouvrage.

Et d'abord tout le monde sent vaguement ce qui sépare le rationnel du fait empirique. L'aperception de tout ce qui pénètre notre conscience, au gré de circonstances plus ou moins provoquées, suffit à former pour nous un champ illimité de connaissances. Si nous enregistrons simplement une série d'impressions, se rapportant à tel ou tel ordre de choses, nous pourrons sans trop de peine énoncer des lois. Nous dirons, par exemple : Le tonnerre succède à l'éclair; — la quinine guérit les fièvres intermittentes; — l'habitude émousse les sensations; etc.. Une liste d'affirmations de ce genre peut-elle constituer une science? — Si on se refusait à le reconnaître, on risquerait de ne rendre qu'un hommage insuffisant à une foule de recherches qui, par leur caractère spécial, ne se prêteront sans doute pas de longtemps à d'autres sortes de résultats. Et d'ailleurs quelques-uns nous diront que non seulement ces inductions, énoncées purement et simplement au contact des faits, sont de la science, mais même qu'elles forment la seule science vraiment digne de ce nom, la seule vraie, la seule qui ne cache aucune illusion. Heureux même si nous ne les voyons pas dénoncer déjà quelque dangereuse métaphysique dans des formules qui, par leur généralité et leur extension à l'avenir, ne se réduisent pas à une simple constatation de faits isolés. Quoi qu'il en soit, c'est une chose manifeste que, partout où elle le peut, l'intelligence humaine cherche inévitablement à franchir cette première étape. Les Grecs n'auraient même pas compris qu'on pût parler de science, en donnant à ce mot une signification aussi restreinte, et, s'ils sont devenus moins intransigeants à cet égard, les savants modernes montrent cependant une égale ardeur instinctive à perfectionner leur science dans un sens qui se peut définir d'un mot : ils cherchent à transformer ce qui n'était qu'un registre de faits en une connaissance *rationnelle*.

Qu'est-ce donc que cet élément logique, ce λόγος, ce rationnel, dont la science humaine tend à s'imprégner toujours davantage? La distinction de ce rationnel et de ce qui n'était qu'empirique, de l'idée claire, intelligible, et. du fait, tel qu'il se présente à la conscience, dans toute sa complexité, se ramène-t-elle finalement à la simple distinction de l'abstrait et du concret? N'y a-t-il qu'une différence de degré dans les procédés de l'esprit depuis la première démarche par laquelle il prend le contact des représentations qui s'offrent à lui, depuis la simple aperception du donné jusqu'aux plus hautes conceptions de la science spéculative? Dans ce travail auquel se livre la pensée, a-t-elle une part active qui lui soit personnelle, montre-t-elle quelque spontanéité, ou bien dégage-t-elle passivement d'une réalité qui la domine les notions intelligibles par lesquelles elle la connaîtra? Jusqu'à quel point ce rationnel portera-t-il sa marque? Dans quel sens représentera-t-il les

choses qu'il contribue à faire comprendre? Dans
quelles limites est-il déterminé par elles? — Telles
sont les préoccupations qui font l'unité de ce livre.
Qu'il s'agisse de quelque chapitre de science rationnelle, ou d'un problème historique relatif à l'évolution de la pensée spéculative, ce sont ces questions
qui, sous des formes diverses, se trouvent posées à
chaque page.

Ai-je besoin de dire que je n'ai nullement la prétention de les avoir résolues? Mon seul désir est de
demander que dans la recherche d'une théorie de la
connaissance rationnelle on tienne plus compte qu'il
n'est fait d'ordinaire d'une activité spontanée de
l'esprit, et qu'on ne craigne pas d'aller jusqu'à reconnaître à cette activité créatrice quelque degré de
contingence et d'indétermination. Je n'apporte pas
un système nouveau : j'insiste sur le besoin, pour la
pensée philosophique que sollicitent de pareils problèmes, d'entrer dans certaine direction, de ne pas
négliger complètement un facteur qui me semble
avoir son importance.

Mais c'est là présenter les choses d'une façon bien
vague. Au surplus, les critiques qui ont accueilli les
« Leçons sur les origines de la science grecque » et
l' « Essai sur la certitude logique », me font penser
que quelques éclaircissements sont nécessaires. D'un
côté l'on a dit que, faisant de la science une forme de
la pensée, je me montre disciple fidèle de Kant;
d'autres m'ont rangé simplement parmi les empiristes; et d'autres enfin ont eu quelque envie de
voir en moi un réactionnaire de la science. Il ne
sera peut-être pas mauvais pour toutes ces raisons
d'entrer dans quelques considérations générales.

* *

Ce n'est pas d'aujourd'hui que datent les discussions relatives à la part de l'entendement dans la

connaissance. On se rappelle, pour ne pas remonter au delà du xviiᵉ siècle, l'opposition très nette des empiristes purs et des partisans de l'innéité. En faisant abstraction de ce qui distingue à cet égard un Leibniz d'un Descartes, et, d'autre part, des différences très réelles qui séparent, par exemple, Condillac de Locke, — tout l'essentiel de la dispute se trouve alors en évidence dans ces simples mots de Leibniz : *Nisi ipse intellectus*, ajoutés comme correctifs à la phrase célèbre : *Nihil est in intellectu quod non fuerit in sensu*. L'entendement, dans ses conceptions les plus hautes, disent les uns, sort tout entier de la sensation ; — non, répondent les autres, il y a quelque chose que la sensation, ou l'aperception passive et tout extérieure des phénomènes, ne suffira jamais à expliquer, c'est l'entendement lui-même : il y a là une source de connaissance *sui generis*, une force d'espèce irréductible, qui, loin d'être une résultante des impressions sensibles, les maîtrise au contraire, et, y apportant l'ordre et la clarté, fait naître la connaissance rationnelle.

C'est bien à ces derniers penseurs que nous semblons nous rattacher nous-même par notre tendance à affirmer la spontanéité de l'esprit ; mais qu'on ne s'y trompe pas : une distance appréciable nous sépare d'eux. Les idées et les principes qui, tout formés d'abord comme chez Descartes, ou se développant au contact de l'expérience, comme chez Leibniz, constituent en tout cas pour eux le fonds d'intelligibilité dont dispose l'âme humaine, ces idées et ces principes, dis-je, sont de simples reflets de la vérité éternelle, qui se trouve réalisée dans l'entendement divin. Certes cette vérité aurait pu n'être pas ce qu'elle est ; c'est la volonté de Dieu qui l'a décrétée, pour ainsi dire, qui l'a choisie, sauf, selon Leibniz, à suivre en ce choix le principe du meilleur ; il y a de ce côté, par rapport à Dieu, une atteinte au caractère absolu des principes fondamentaux de la connaissance; mais l'absolu se retrouve en face de l'intelligence humaine, qui a reçu par l'action extérieure du Créateur, et sous la forme d'empreintes indélébiles, ou de virtualités destinées à se développer, tout un ensemble déterminé d'idées et de notions. La science qui se formera grâce à ces éléments d'intelligibilité rapprochera peu à peu, sans jamais amener l'identité parfaite de l'un et de l'autre, l'entendement de l'homme de celui de Dieu. Cette conception, qui rappelle à certains égards la doctrine platonicienne de la *réminiscence*, tout en accordant un rôle directeur à l'intelligence, par rapport aux phénomènes sensibles, ne lui laisse en somme que l'illusion de la spontanéité.

Avec le Criticisme une révolution se produit : la subjectivité de toute connaissance s'affirme. L'esprit n'apporte plus seulement un fonds d'innéité qui lui permet de mieux saisir ce qui s'offre à lui; rien ne peut s'offrir à lui, — aucun phénomène, aucune relation, — qui ne soit affecté d'éléments propres à l'esprit lui-même. Les choses ne pénètrent notre conscience, ne sont senties ou pensées que si elles revêtent les formes *a priori* de la sensibilité et de l'entendement. C'est alors, — en laissant de côté le noumène inaccessible, — toute connaissance, toute science, qui se trouve en un certain sens l'œuvre de notre intelligence. Kant n'atteint-il pas ainsi les limites de toute conception qui veut donner sa place à l'activité propre de l'esprit dans l'élaboration de la connaissance? Et peut-on sérieusement songer à le dépasser dans cette voie?

Qu'on veuille bien y regarder de près. Si dans une pareille doctrine c'est mon entendement qui crée en partie la science, s'il est permis de dire dans ce sens qu'il domine les choses et les fait ce qu'elles sont, loin d'être asservi par elles, y a-t-il pourtant dans cette activité le moindre élément de spontanéité libre?

Les intuitions et les catégories, à l'aide desquelles je construis les objets de ma connaissance, ne m'appartiennent pas en propre, ou, s'ils m'appartiennent, c'est que je fais partie de l'humanité, c'est que mon esprit est fait dans le moule d'où est sorti l'esprit humain, et que celui-ci est constitué de telle sorte qu'il ne peut pas ne pas connaître à travers ces formes déterminées. C'est là même la raison pour laquelle les formes *a priori* sont la condition de toute objectivité : l'objectif de la connaissance empirique, n'est-ce pas dans cette doctrine l'universalité du subjectif?

Et d'ailleurs nul n'ignore une des préoccupations dominantes de Kant. Ne voulait-il pas par son système rendre compte de la nécessité absolue que comportaient à ses yeux les jugements de la science théorique? Si pour lui une part si grande doit être faite à la pensée, il n'en est pas moins vrai que toute cette activité du sujet ne peut aboutir qu'à une série de conceptions déterminées, nécessaires, formant un ensemble dont aucun élément ne se prête à la moindre mobilité. Si l'on peut dire que Kant a fait de la science jusqu'à un certain point une chose de l'esprit, il est peut-être encore plus vrai de déclarer qu'il a adapté l'esprit à cette science, qu'il a composé le mécanisme de notre intelligence, qu'il en a ajusté toutes les pièces, exactement de telle façon qu'elle fût amenée à formuler un à un, à propos du monde des phénomènes, les jugements de la science spéculative. L'idée de la nécessité dogmatique de ces jugements est un des points fondamentaux de la doctrine : elle exclut radicalement tout soupçon de contingence dans la prétendue création de l'esprit.

La distinction de la sensibilité et de l'entendement pourrait faire illusion. Kant, laissant à la première le caractère d'une réceptivité purement intuitive, n'accorde-t-il pas à l'autre, au *Verstand*, une puissance active de construction, de représentation par concepts? — La différence, au point de vue où nous nous plaçons, est plus apparente que réelle. Elle ne correspond plus en effet à la vieille distinction des faits de sensation obscurs et complexes et de la pensée qui, les éclairant de sa lumière, en dégage ses conceptions rationnelles. Un exemple saisissant suffit à le montrer. La mathématique qui pour nous est la science rationnelle par excellence, relève, aux yeux de Kant, bien moins de l'entendement que de la sensibilité, car elle énonce, en se développant, le contenu des intuitions d'espace et de temps.

Ainsi, en opérant une révolution analogue à celle de Copernic, suivant la comparaison de Kant lui-même, en déplaçant le centre de la réalité connaissable du dehors au dedans, le Criticisme sacrifiait en somme tout élan de la pensée véritablement spontané à une nécessité supérieure, qui s'impose à l'universalité du genre humain, et se traduit par la rigoureuse détermination des constructions scientifiques de l'esprit.

Ces réflexions se comprennent mieux encore si de Kant nous passons à Hegel, car tout est alors démesurément grandi. Entre l'un et l'autre, Fichte et Schelling ont su transformer la philosophie du maître dans la direction qu'elle ne pouvait pas ne pas suivre, et, tout naturellement, s'est posé l'idéalisme absolu de Hegel, comme terme extrême où devait aboutir dans ce sens le criticisme kantien. La réalité, qui est ici tout entière accessible à l'esprit, est identique à la raison; tout réel est rationnel, tout rationnel est réel; l'idée, pour être adéquate au monde, n'a qu'à se développer logiquement dans son infinité. Voilà bien l'affirmation la plus haute de la souveraineté immanente de l'idée, comme aussi le sentiment d'une plénitude infinie d'expansion : N'est-il pas difficile d'échapper à la séduction puissante qu'une pareille conception exerce sur la pensée? Et cependant, plus manifestement encore que la philosophie kantienne, elle implique un élément qui nous répugne : c'est l'absolu. Ce qui n'était d'abord qu'une nécessité imposée à l'esprit humain est devenu chez Hegel l'absolu de l'idée, de la raison, — raison immanente sans doute, mais s'exprimant et se réalisant par une évolution à marche nécessairement unique et déterminée. L'identification du rationnel et du réel fait profiter celui-ci de l'infini de l'idée, mais ne condamne-t-elle pas celui-là à revêtir l'un des attributs essentiels de cette vieille notion métaphysique d'une réalité absolue, — je veux dire l'unité de détermination? Et n'y a-t-il pas dans ce poids mort, pour ainsi dire, que traîne avec lui le rationnel, de quoi couper court à toute contingence? Que l'idée se développe à l'infini, soit! ce ne peut être en tout cas que suivant une évolution rectiligne, incompatible avec la moindre velléité de changement de direction.

C'est ainsi que toute philosophie rationaliste, depuis Descartes jusqu'à Hegel, aboutit très naturellement à l'affirmation d'une nécessité d'autant plus étroite, qu'elle fait plus large la part de l'idée dans la connaissance.

*
* *

Peut-être s'ils étaient conséquents avec le principe fondamental de leur conception, celui de *la table rase*, les empiristes ne vaudraient guère la peine d'une consultation dans cette brève enquête. Mais, à rigoureusement parler, aucun d'eux ne s'en tient à cette vue si étroite qui exclurait absolument toute spontanéité de l'intelligence. Condillac lui-même a beau s'ingénier pour expliquer l'entendement entier par la seule sensation, il ne méconnaît pas tout ce qu'il y a d'actif dans les opérations intellectuelles, et même tout ce qui implique jusqu'à un certain point le choix

de la direction dans la formation des concepts :
n'insiste-t-il pas sur l'œuvre de l'esprit, qui, à propos
des idées abstraites, des notions scientifiques, sait
créer une langue bien faite? Qu'importe alors pour
nous qu'un tel pouvoir soit acquis au lieu d'être primitif? Condillac veut qu'il dérive de sensations trans-
formées. Un partisan de l'innéité ne manquerait pas
de voir là l'aveu significatif qu'au moins la transformation était possible, que l'être humain est donc tel
qu'en lui naît et se développe une intelligence
active; qu'il a en puissance cette spontanéité future
qu'on lui refusait tout d'abord, et cela ne serait pas
si éloigné qu'on pourrait croire de la pensée leibnitienne.

Locke, lui aussi, n'avait-il pas donné à l'âme la
capacité de réfléchir, à côté de celle de sentir? Surtout, n'avait-il pas fait appel, pour rendre compte des
idées complexes, de celles qui justement vont jouer
le rôle le plus important dans la connaissance rationnelle, n'avait-il pas simplement fait appel au pouvoir
de l'esprit de combiner les idées simples, celles qui
s'offrent d'elles-mêmes?

Aussi bien, d'une façon générale, acceptons avec
les empiristes un donné primitif, fait de sensations
et d'idées, — sans trop leur demander compte de
leur dédain pour les éléments *a priori* qui s'y peuvent
démêler. Nous aurons là en tout cas la matière toute
passive de la connaissance. Quand notre esprit l'élabore pour en faire sortir le rationnel, le vrai problème
se pose de nouveau : quelle est dans cette œuvre la
part active de l'intelligence?

Bacon la reconnaît capable de formuler des inductions, de dépasser les faits particuliers observés pour
énoncer des lois, et certes nous devons lui en savoir
gré, car c'est la seule trace d'idéalisme que nous
trouvions chez lui. Sous l'apparence d'indiquer à
l'esprit humain les procédés par lesquels il peut par-

1.

venir à la découverte des lois scientifiques, tous les efforts du *Novum organum* tendent à arrêter sans cesse sa marche et à briser son essor. Pas de généralisation hardie, pas d'hypothèse, trêve à tout élan de l'imagination, et surtout gare aux fantômes, aux *idoles* que fait naître si facilement l'esprit humain, faute de se mettre assez à l'abri de toute condition de subjectivité. — On peut admirer à quel point de pareils conseils permettent d'éviter les erreurs, mais il resté à se demander si, pour empêcher un faux pas, ils n'en viennent pas à prescrire l'immobilité.

Que si on ne songe pas tout d'abord à porter ses regards aux sommets de la science rationnelle, on peut, même en se bornant aux recherches expérimentales, sentir déjà tout ce qui manque aux trop sages prescriptions de Bacon. Le livre de Claude Bernard — l' « Introduction à la médecine expérimentale » — est, dans le domaine propre de la méthode d'observation, la protestation la plus éloquente contre toute tentative d'amortir par trop de restrictions l'élan de l'intelligence. « Ceux, dit-il, qui ont condamné l'emploi des hypothèses et des idées préconçues dans la méthode expérimentale ont eu tort de confondre l'expérience avec la constatation de ses résultats... On doit donner libre carrière à son imagination ; c'est l'idée qui est le principe de tout raisonnement et de toute invention ; c'est à elle que revient toute espèce d'initiative. On ne saurait l'étouffer ni la chasser sous prétexte qu'elle peut nuire, il ne faut que la régler et lui donner un criterium, ce qui est bien différent... Une idée anticipée ou une hypothèse est le point de départ nécessaire de tout raisonnement expérimental. Sans cela, on ne saurait faire aucune investigation ni s'instruire, on ne pourrait qu'entasser des observations stériles... »

Est-ce à dire que voilà les choses remises au point et que Cl. Bernard accorde à l'idée tout le pouvoir que nous réclamons pour elle dans la construction de la science? Pas encore, et c'est ce que je voudrais surtout faire comprendre. L'idée, telle qu'on l'entend ici, n'est qu'une sorte d'anticipation de l'observation future, elle consiste à deviner ce qui se vérifiera dans des conditions précises que l'on imagine. C'est simplement l'hypothèse portant sur des faits identiques à ceux que l'on observe constamment et s'exprimant dans la langue même qui sert à énoncer les phénomènes courants, sensations, impressions, aperceptions de toutes sortes. En la concevant l'esprit ne dépasse pas la trame des faits observables, son activité se borne à prévoir quelque arrangement nouveau de ces faits eux-mêmes. Cela est si vrai que Cl. Bernard insiste plus d'une fois sur ce qu'une idée, pour être valable, pour pouvoir jouer un rôle dans l'expérience, doit exprimer quelque chose de possible et de vérifiable. « Si l'on faisait, dit-il, une hypothèse que l'expérience ne pût pas vérifier, on sortirait par cela même de la méthode expérimentale pour tomber dans les défauts des scolastiques et des systématiques. » Loin de nous la pensée de désapprouver un tel langage pour un domaine de recherches où le savant aurait quelque peine à se dire au delà de la période purement empirique, et où il n'oserait peut-être pas appliquer à ses études l'épithète de rationnelles. Mais qu'au lieu d'être médecin ou physiologiste, Cl. Bernard eût été seulement physicien, n'eût-il pas dû reconnaître que l'intervention de l'esprit dans l'expérience la plus simple d'optique ou d'électricité, par exemple, est déjà bien autre chose qu'une simple divination anticipée des phénomènes? Qui ne sait en effet à quel point la science du physicien est aujourd'hui imprégnée d'une foule de notions définies par lui et pour lui, de théories de toute espèce qu'il a construites, de symboles qu'on ne peut comprendre que par une certaine initiation spéciale? « Entrez dans ce laboratoire, dit M. Duhem, dont j'ai eu plusieurs fois l'occasion de citer les profondes études sur ce sujet, approchez-vous de cette table qu'encombrent une foule d'appareils : une pile électrique, des fils de cuivre entourés de soie, des godets pleins de mercure, des bobines, un barreau de fer qui porte un miroir; un observateur enfonce dans de petits trous la tige métallique d'une fiche dont la tête est en ébonite; le fer oscille et, par le miroir qui lui est lié, renvoie sur une règle en celluloïde une bande lumineuse dont l'observateur suit les mouvements; voilà bien sans doute une expérience : ce physicien observe minutieusement les oscillations du morceau de fer. Demandez-lui maintenant ce qu'il fait; va-t-il vous répondre : « J'étudie les oscillations du barreau « de fer qui porte ce miroir » ? — Non; il vous répondra qu'il mesure la résistance électrique d'une bobine; si vous vous étonnez, si vous lui demandez quel sens ont ces mots et quel rapport ils ont avec les phénomènes qu'il a constatés, que vous avez constatés en même temps que lui, il vous répliquera que votre question nécessiterait de trop longues explications et vous enverra suivre un cours d'électricité [1]. » Des réflexions analogues trouveraient leur place s'il s'agissait d'une expérience relative aux phénomènes de chaleur ou de lumière, — ou de la plus simple observation astronomique. A quelle distance de la réalité concrète, sensible, observable directement, se trouvent ici les conceptions théoriques sans cesse maniées? N'en sont-elles pas séparées par cette suite de plus en plus longue, à mesure que la science progresse, de notions nouvelles, forces, potentiel, intensité ou résistance de courant, énergie, longueurs d'ondes, etc., et par une quantité de plus en plus

---

1. *Quelques réflexions au sujet de la physique expérimentale*, p. 1 et 2.

grande de théories construites à l'aide de ces éléments, — le tout formant un enchevêtrement toujours plus complexe, un ensemble toujours plus riche,
dont toutes les parties jouent leur rôle dans l'énonciation des lois, comme aussi dans l'expression de ce
qui n'est pour le savant que le phénomène simplement constaté? Peut-on raisonnablement parler ici de
l'idée qui comporte sa vérification, au sens véritable
de ce dernier mot? Ne doit-on pas se contenter d'un
accord harmonieux entre la théorie et les faits dont elle
fournit l'expression, accord que l'esprit s'efforcera de
maintenir indéfiniment en choisissant, dans une certaine mesure, tout en se laissant guider par des raisons d'opportunité, celui des innombrables rouages
qu'il convient au besoin de modifier dans l'engrenage
de ses constructions?

Si déjà le physicien qui expérimente au contact des
faits se trouve séparé par une telle distance de la
réalité directement vérifiable, que faut-il dire du
géomètre ou de l'analyste? J'ai trop souvent insisté
sur ce point pour devoir y revenir ici; ce que je
veux ajouter seulement, c'est qu'il est impossible de
pénétrer l'ensemble des notions mathématiques ou
physiques, sans éprouver ce sentiment que d'une
part certains de ces concepts échappent non pas seulement à toute vérification directe, mais même à toute
réalisation compréhensible, — et que d'autre part la
liste des axiomes, des postulats, des définitions, que
le savant nous offre, n'est pas la seule qu'il eût pu
construire. Bref, il nous semble difficile de contester
la présence dans le rationnel de quelque chose qui
non seulement n'est pas rigoureusement imposé par
le dehors et a son origine dans certaine spontanéité
de la pensée, mais même de quelque chose qui ne
reçoit jamais, qui ne peut pas recevoir du dehors la
consécration de sa nécessité, et qui reste dès lors
indéfiniment affecté d'une certaine contingence.

*
* *

Est-ce là une illusion? Bacon, s'il revenait parmi nous, saurait-il la dissiper? Mis en présence du développement grandiose de la science de l'univers par la pénétration de plus en plus profonde de l'idée dans le monde physique, qu'eût-il pensé? Lui qui avait proscrit avec tant d'énergie tous les fantômes, qu'eût-il dit de ce fantôme de l'attraction expliquant, par une merveilleuse formule, en même temps que la pesanteur, tous les mouvements des corps célestes? Qu'eût-il dit, sans regarder si haut, de ce fantôme de la *force* qui apparaît invinciblement au savant moderne toutes les fois qu'un simple élément de matière se meut, par exemple, autrement qu'en ligne droite? Qu'eût-il dit du fantôme de la *quantité négative*, de l'*imaginaire*, de l'*infini*, — oui, de l'infini, avec lequel le mathématicien ne peut plus ne pas vivre. Et qu'eût-il dit encore de l'atome, et de l'éther, et de tous les autres fantômes que tout bon physicien est tenu de traiter en auxiliaires assidus? Eût-il eu le courage de rejeter de la science humaine tout ce trésor accumulé par deux siècles de pensée réfléchie, et d'où jaillissent constamment, comme d'une source prodigieusement abondante, les applications les plus merveilleuses? Ou bien eût-il accepté décidément pour la science rationnelle le droit de ne plus s'effrayer des fantômes?

Ce qu'il eût pensé, nous pourrons peut-être le savoir. Le Bacon du *Novum organum* n'est pas un Anglais du xviie siècle; il représente bien plutôt une des faces multiples du miroir où l'intelligence humaine s'interroge et se juge. Il représente une tournure d'esprit, une tendance qui s'est rencontrée de toute antiquité et qui se rencontrera sans doute aussi longtemps qu'il y aura des hommes pour réfléchir. C'est cette tendance qui produisit la déformation que l'on sait de la philosophie platonicienne dans la pensée d'Aristote, et amena le disciple à réagir contre l'idéalisme du maître. C'est elle aussi qui inspira plus d'une fois Épicure. Toutes les barrières en effet ne tombèrent pas devant son audace : il sut écarter les superstitions encombrantes, mais, le ciel une fois délivré de tous les fantômes que la terreur des hommes y avait entassés, Épicure en proscrivit l'entrée au géomètre. Science vaine et inutile à ses yeux que les hautes mathématiques! Illusion chimérique que le désir de l'homme de pénétrer les lois des phénomènes célestes à l'aide de ses figures et de ses nombres! Ainsi parla Épicure, très peu de temps avant Archimède, moins de cent ans avant Hipparque. — Notre siècle a eu lui aussi son Bacon, un Bacon rationalisé, pour ainsi dire, ayant forcément subi l'influence d'une solide éducation mathématique, et aussi de l'état de la science théorique vers laquelle il était préparé à tourner particulièrement ses regards, un Bacon quelque peu idéaliste par conséquent, au moins par la grande place qu'il fait à la science spéculative. Auguste Comte est bien par là dans les conditions mêmes où nous voulions qu'il se trouvât pour que sa consultation fût édifiante. Or que nous dit-il? S'il saisit la marque d'une certaine envolée de la pensée scientifique, il ne cesse jamais de voir dans ses conceptions les plus hautes de simples abstractions dégagées du monde concret, et, dans ses notions en apparence les plus éloignées de toute réalité sensible, des propriétés des choses directement fournies par l'expérience. C'est là à ses yeux la condition essentielle pour que l'idée ait droit de cité dans la science; à défaut de certains éléments de positivité, rappelant son origine concrète et sa signification réelle, elle devient une *chimère*. Et en somme le langage de Bacon ne s'est pas tellement modifié!

La *chimère* où sans cesse Aug. Comte craint de voir s'évanouir la pensée du savant, si elle dépasse certaines limites, c'est le fantôme, c'est l'*idolum*, c'est le spectre qui, dans toutes les directions, se dresse aux confins de la connaissance acquise, pour contenir l'idée dans sa marche audacieuse, et lui rappeler les bornes de l'intelligence humaine. Mais, en nous montrant ces fantômes, Bacon et jadis Épicure se sont trompés; Aug. Comte le sait bien. Nous donne-t-il décidément quelque criterium précis pour les reconnaître désormais? — Son attitude est celle qu'auront indéfiniment tous les Bacon de l'avenir, tous ceux qui se refusent à voir ce qu'il y a de créateur et de si originalement puissant dans la spontanéité de la pensée. Il fait deux parts dans l'ensemble que forment les théories rationnelles. L'une comprend toutes celles qu'un usage assez long déjà a consacrées, qu'on ne discute plus, qui ont acquis une place définitive dans ce qu'on nomme la science positive. Telles sont, par exemple, les notions qui ont formé, depuis le xviie siècle, la géométrie analytique, l'analyse infinitésimale, la dynamique rationnelle, la mécanique céleste. Il faut bien avouer que tout cela est de la bonne science, sauf à affirmer alors le rapport étroit, le lien direct et nécessaire qui unit toutes ces notions à la réalité sensible. Mais, presque dans chaque branche, les idées qui ont été si fécondes ont atteint les limites de leur efficacité, parce que, poussées plus loin, elles se dépouilleraient de conditions suffisantes de positivité, et, dans la deuxième part que l'on fait des notions spéculatives, se trouvent reléguées, à titre de chimères décevantes, toutes les tentatives naissantes d'édifier d'autres constructions pour la science rationnelle. C'est ainsi qu'à chaque page Aug. Comte nous met en garde contre une chimère nouvelle. Partout d'ailleurs où il a marqué une limite infranchissable, dans la théorie des fonctions, dans la tentative d'appliquer la mécanique aux phénomènes de lumière, ou la mathématique à la chimie, dans les théories d'optique ou d'électricité, dans l'étude des corps célestes, partout, est-il besoin de le dire, la limite a été franchie; et un Bacon d'aujourd'hui serait déjà forcé de reculer dans chaque direction la place du fantôme.

Du moins dans cette façon naïve d'envisager l'idée, tant qu'on n'est pas frappé de sa fécondité, dans cette crainte d'y voir une chimère de la pensée s'envolant au delà des bornes du monde réel, dès qu'elle dépasse les limites précises des connaissances qui ont déjà pris rang dans la science, ne trouvons-nous pas un aveu très significatif de ce que cette idée implique de contingent? Dans cette répugnance à l'admettre d'abord, ne voyons-nous pas la preuve qu'elle porte avec elle la marque d'un élément qu'on ne juge pas suffisamment nécessaire, et dont on renonce à voir toute la raison dans les choses?

Et cet élément, ne suffit-il pas, pour l'accepter franchement et sans crainte, de n'être prisonnier d'aucune doctrine qui formule *a priori* des conditions trop restrictives pour la forme ou la matière de nos conceptions? — Que l'on s'efforce de justifier autant qu'on le peut toutes ces conceptions, soit par les exigences mêmes du sujet qui connaît, soit par la nature des choses à connaître, cela est fort bien. Mais nous voudrions qu'on eût davantage le sentiment qu'on aboutit ainsi à expliquer l'opportunité de l'idée, non sa nécessité. Nous voudrions voir les thèses aprioriste et empiriste de la connaissance théorique se relâcher de leur rigueur dans leur tentative d'imposer un processus unique à l'intelligence, et ne pas répugner d'admettre que, suggérée tant qu'on voudra par des sollicitations immanentes ou extérieures, l'idée n'est pourtant pas déterminée par elles. Nous ne croyons pas sa fécondité compromise par un reste de contin-

gence. N'est-ce pas au contraire reculer à l'infini dans
tous les sens les bornes de son activité que de la
dégager d'un absolu, qui, sous prétexte de lui donner
un caractère plus profondément et plus directement
pénétrant, arrête son vol et l'emprisonne étroitement?

Est-ce à dire que nous songions, comme nous en
accuse bienveillamment M. A. Fouillée [1], à faire fi de
la causalité? — Nullement. L'idée de la détermination des choses les unes par les autres reste pour
nous aussi le principe directeur et le fondement de
toute science. C'est cette idée que le savant veut
affirmer dans ses lois, depuis les inductions courantes
jusqu'aux relations les plus élevées de la science
rationnelle qui posent tel élément comme fonction
de tels autres. La restriction que nous apportons à
une manière de voir peut-être fréquente, c'est que
les formules savantes, composées de notions théoriques, plus précises, plus faciles à manier, plus
compréhensives que les inductions vulgaires, ne
pénètrent pas pour cela davantage le réel. — A moins
bien entendu qu'on n'entende celui-ci au sens de
Hegel : nous y souscririons volontiers d'ailleurs,
dans les limites où la notion hégélienne pourrait se
dépouiller de cet absolu qui, dans le développement
infini de l'idée, se traduisait par l'unicité de direction.
La réalité que constitueraient alors les relations les
plus abstraites de la science spéculative serait loin de
se présenter comme une production purement arbitraire, dépourvue de toute détermination. Il resterait
toujours vrai qu'aucun élan de la pensée créatrice,
qu'aucune transformation de l'idée n'est sans raison,
et ce serait toujours un des objets les plus attrayants
pour l'âme humaine que de chercher à expliquer

---

1. *Le mouvement idéaliste et la réaction contre la science positive*, p. 208.

l'évolution de l'idée sous toutes ses formes : en quoi cela serait-il incompatible avec le sentiment que cette évolution conserve un minimum irréductible de contingence? C'est par attachement inconscient à l'absolu qu'on ne verrait pas de moyen terme, pour l'activité de la pensée, entre l'indétermination complète et la rigoureuse détermination. Une analogie avec le domaine moral pourrait aider à dissiper les ténèbres : sans parler de la liberté psychologique — parce que ce seul mot soulève des disputes et cause des malentendus, — la responsabilité du sujet, à propos de laquelle on s'entend beaucoup mieux, n'exige-t-elle pas manifestement, pour s'affirmer, qu'il puisse être question des raisons de ses actes, encore qu'elles ne soient pas nécessitantes?

C'est ainsi que supprimer les barrières qui contiennent et risquent sans cesse d'étouffer l'idée, ce n'est pas pour cela l'abandonner au désordre et à la vaine extravagance : l'ordre saura se réaliser d'autant mieux que les raisons en seront plus immanentes et que la source en sera plus proche de l'unité fondamentale de la pensée, — non pas de cette unité froide et immobile qui s'exprimerait, condition suprême d'intelligibilité, par le principe d'identité « A est A », — mais d'une unité féconde et vivante qui, sans s'opposer à l'élan spontané et infini de l'esprit, rend possible l'accord harmonieux de ses créations.

Et quelle joie alors de pouvoir, sans arrière-pensée, se reposer enfin de cette crainte perpétuelle de voir l'idée devenir trop audacieuse, de la voir dépasser les bornes que lui assignent dogmatiquement les philosophies positivistes, celle de Kant comme celle d'Auguste Comte. Va, mathématicien, qui, du fond de ton cabinet de travail, les yeux fermés sur l'univers, te laisses absorber par le jeu de tes symboles, continue à ne pas chercher une réalité tangible qui leur serve de substratum naturel; continue à ne pas savoir même si tes conceptions serviront à quelque chose : n'aie pas peur des fantômes, que dis-je, garde-toi de te laisser aller à d'autres charmes qu'à celui de créer tes chimères. Et toi, physicien, qui sais te façonner un monde qui est si proprement le tien, continue à y jouir en paix de tout ce qu'édifie ta pensée. Qu'aucune menace, qu'aucune prophétie lugubre ne t'empêche de briser les obstacles, et, s'il te plaît de transformer l'étude des phénomènes chimiques et biologiques eux-mêmes en un chapitre de géométrie et de mécanique, ose-le sans crainte. Pourvu que la pensée du savant ait docilement accepté une disci‑ pline première et qu'elle soit d'abord vivifiée au contact de ce qu'a déjà produit l'intelligence humaine, rien de ce que construira son esprit ne sera dénué d'intérêt. Du point de vue où nous sommes, l'épanouissement de l'idée apparaît dans son infinité, libre de toute entrave; il n'y a plus d'idole, plus de spectre pour barrer le chemin. La pensée rationnelle dont l'essor ne se laisse plus arrêter par les fantômes ne peut-elle alors se comparer vraiment à celui dont parle avec orgueil le poète latin :

Quem neque fana deum nec fulmina minitanti
Murmure compressit cœlum.................
....
Ergo vivida vis animi pervicit, et extra
Processit longe flammantia mœnia mundi,
Atque omne immensum peragravit mente animoque[1].....

Mais ces réflexions n'ont-elles pas été trop longues, si j'ai seulement voulu marquer par quelques traits une des principales préoccupations qui ont inspiré ces études? — N'est-ce pas exagérer déjà que de vouloir préciser avec trop de clarté ce qui veut n'être qu'une indication?

Il est temps de renvoyer le lecteur aux études

1. Lucrèce, *De natura rerum*, livre I.

elles-mêmes. Elles ont été publiées [1] déjà par la *Revue philosophique*, la *Revue scientifique* et la *Revue de Métaphysique et de Morale* : j'adresse ici mes plus vifs remerciements à MM Th. Ribot, Ch. Richet et X. Léon, qui m'ont habitué depuis longtemps à une bienveillance sans limite.

Montpellier, ce 1er octobre 1897.

G. MILHAUD.

1. Sauf la dernière. — Je me permets de désigner, comme se rattachant directement à l'idée essentielle de ce livre, quelques autres études que le cadre du volume n'aurait pas permis d'y faire entrer : *L'hypothèse cosmogonique de la nébuleuse* (*Revue scientifique*, avril 1887); *L'explication scientifique* (*La première des leçons sur les origines de la science grecque*, et *Revue scientifique*, avril 1892); *Le concept du nombre chez les Pythagoriciens et les Eléates* (*VIe leçon sur les origines de la science grecque*, et *Revue de Métaphysique et de Morale*. mars 1893); *La géométrie grecque, considérée comme œuvre personnelle du génie grec* (*Revue des Etudes grecques*, dernier trimestre 1896); *L'infini mathématique d'après M. Couturat* (*Revue philosophique*, mars 1897).

I

MATHÉMATIQUE ET PHILOSOPHIE[1]

Que mes premières paroles soient pour exprimer
toute ma gratitude d'abord à M. le directeur de l'enseignement supérieur, qui a eu le grand courage
d'appeler à la Faculté des Lettres un professeur de
mathématiques; puis à M. le recteur, qui a pris l'initiative de ma nomination, et, dès la première heure,
m'a si affectueusement encouragé à l'accepter; à vous
enfin, monsieur le doyen, en qui je suis heureux
de saluer un ancien maître, et à vous tous, messieurs
les professeurs de la Faculté, qui m'avez accueilli
avec tant de sympathie, et m'aviez d'ailleurs habitué
dès longtemps par votre obligeante amitié à me considérer comme un des vôtres. Les services que je
pourrai rendre ici seront-ils aussi réels que vous
êtes en droit de les attendre? Je ne peux sur ce point
engager que ma volonté : il n'est pas d'effort auquel
je ne me sente prêt, dans les limites de mes propres
ressources, pour répondre à votre confiance. Ce n'est
pas seulement la Faculté qui pourra y gagner; il y va
surtout, à mon sens, de l'intérêt d'une idée, ou, si
vous voulez, d'une méthode, qui m'a guidé depuis

1. Leçon d'ouverture d'un cours professé à la Faculté des
Lettres de Montpellier sous ce titre général : *La Science positive et la Philosophie de la Connaissance.*

dix ans dans toutes mes études, et dont ma présence en cette chaire doit être envisagée comme un commencement de consécration. Il s'agit, en un mot, de renverser cette barrière qu'ont peu à peu édifiée nos programmes d'enseignement entre la science et la philosophie. Au point de vue de l'histoire des idées, je voudrais rendre enfin son véritable rôle à la pensée scientifique dans la formation et l'évolution des doctrines de nos grands philosophes; au point de vue théorique, je voudrais faire reposer l'étude du problème capital de la connaissance sur l'analyse des données de la science, posée comme fait primordial et fondamental. Telle est, brièvement définie, l'idée qui sera mise en pratique dans cet enseignement, qui lui donnera son caractère propre. J'ai la conviction qu'elle est bonne, qu'elle est naturelle, que, sans avoir la prétention de devenir exclusive, elle peut du moins servir à combler une lacune regrettable dans l'enseignement supérieur en France. Permettez-moi de vous montrer, par un rapide regard jeté sur le passé, que, sous son apparence révolutionnaire, cette idée n'est que le retour pur et simple à une tradition aussi vieille que la philosophie elle-même.

Remontons, si vous voulez bien, jusqu'aux temps où semble naître et se développer la réflexion philosophique libre, indépendante, et — sans nous attarder aux idées des premiers Ioniens, qui d'ailleurs appartiennent à la fois, par leurs tentatives d'explication physique de l'univers, à l'histoire de la science aussi bien qu'à celle de la philosophie, — tournons nos regards vers ces penseurs à l'esprit plus mûr qui, sur les côtes d'Italie ou de Thrace, font entendre déjà un langage nouveau. Parménide ne donne plus sa Physique que comme une série de conjectures; les affirmations que suggèrent les sens n'atteignent à ses yeux que le *probable* et restent du domaine de l'*opi-*

nion : au-dessus de ce domaine, il place celui de l'*intelligible*, celui de la *vérité*. Et cette distinction que personne ne conteste apparaît d'ordinaire, dans l'histoire de la pensée philosophique, comme le premier mot du problème de la connaissancé. Eh bien, est-ce par hasard, que vers la fin du vi° siècle avant l'ère chrétienne, un homme se reconnaît tout à coup capable, en s'élevant au-dessus des impressions fugitives et indéfiniment variables des sens, d'atteindre par les seules ressources de la raison à des vérités nécessaires?

J'entends bien la réponse qu'on pourra présenter. La répugnance à l'égard du témoignage des sens n'est pas à cette époque un fait isolé. Elle s'exprime en même temps, avec la même force, sinon de la même manière, à Élée et à Éphèse, aux confins opposés du monde grec. Héraclite, par exemple, insiste — vous savez avec quelle vigueur — sur la mobilité extrême, sur le caractère fugitif et insaisissable de toutes choses; et, à très peu près à la même époque, Démocrite ne proclame-t-il pas la subjectivité pure des sensations, en déclarant que ce ne sont que des états du sujet, « πάθη τῆς αἰσθήσεως », dit-il? Soit, mais où peut, où doit conduire logiquement cette façon d'envisager les données des sens, si l'esprit se borne à la constater, à y insister de toutes les manières, où peut-elle aboutir, sinon au scepticisme le plus complet? et justement Protagoras est là pour le prouver. Les sens sont trompeurs, dit-il comme Parménide, et il conclut naturellement à l'impossibilité de toute connaissance. Telle n'était pas, je l'ai dit, la conclusion de l'Éléate, telle n'est pas non plus d'ailleurs celle de Démocrite, pas plus que ce ne sera, après de semblables prémisses, celle de Platon. Chacun d'eux oppose sa théorie aux dénégations du scepticisme empirique : l'un déduit rationnellement quelques vérités nécessaires d'un postulat

relatif à la permanence de l'être; Démocrite prend
pour point de départ sa croyance, posée comme un
principe indiscutable et au-dessus de toute expérience, au vide et aux atomes; Platon transportera
la réalité immuable et éternelle bien au delà du
monde sensible, dans le monde des *Idées*. N'importe!
les réponses qu'ils donnent tous trois au problème
essentiel de la possibilité de la connaissance témoigne
d'une même confiance en la puissance de la raison
quand, dépassant les données immédiates des sens,
elle s'élance vers des notions intelligibles, dans un
monde nouveau, où, à la lumière de quelques vérités
fondamentales, elle marche de progrès en progrès.
Qu'est-ce qui peut clairement expliquer cette confiance naïve que n'ébranle même pas la diversité des
systèmes? Qu'est-ce qui suggère aux penseurs grecs
du vᵉ et du ivᵉ siècle, inconsciemment peut-être, mais
d'une façon si absolue, qu'une connaissance rationnelle est possible? Je vais vous le dire.

Un événement considérable vient de se produire
dans l'histoire de la pensée. La *géométrie grecque* a
pris naissance, créée par le génie des Pythagoriciens.
La géométrie *grecque*, qu'est-ce que cela, allez-vous
dire? N'est-ce pas simplement la liste des connaissances géométriques que les Grecs ont dressée à la
suite des Égyptiens, des Chaldéens et de tous les
peuples dont la civilisation a précédé la leur? Si
Pythagore et ses disciples ont montré, à augmenter
cette liste, une aptitude spéciale, en quoi cela pou-
vait-il intéresser tout à coup et à un aussi haut
degré, la pensée philosophique? Il m'est impossible
de répondre aussi complètement que je le voudrais
à ces questions naturelles. Ce sera l'objet de plusieurs
leçons de ce cours de vous montrer les Grecs créateurs dans leur géométrie au même titre, et plus
encore peut-être, que dans toutes les autres manifes-
tations de leur esprit. Laissez-moi vous dire seule-

ment aujourd'hui par avance qu'ils ont substitué aux connaissances empiriques de l'Orient et de l'Égypte une science admirable, qui s'élève assez au-dessus des impressions sensibles pour paraître sortir toute pure de l'intelligence, dont la clarté et la rigueur exercent sur l'âme une séduction indicible, et enfin qui, à peine formée, semblait déjà faite pour s'adapter aux phénomènes célestes, c'est-à-dire, pour les Grecs, aux lois divines et immuables de l'univers. Cette géométrie théorique, par le seul fait qu'elle progressait et s'appliquait, ne se présentait-elle pas déjà, ainsi que le fera de tout temps la science positive, comme une réponse victorieuse au scepticisme le plus subtil? La science rationnelle est possible, puisqu'elle existe!

Était-ce là seulement ce que venait suggérer aux premiers penseurs grecs cette science nouvelle? Qui saurait dire jusqu'à quel point son charme fut capable de fasciner, d'éblouir? Une partie de l'histoire de la philosophie grecque n'est au fond qu'un long commentaire de cette étonnante séduction. Voyez les Pythagoriciens, que les légendes nous montrent sacrifiant aux dieux pour la découverte de quelque théorème. S'élevant tout à coup au-dessus des solutions naïves que les Ioniens apportaient à l'énigme du monde, ils vont jusqu'à ne plus voir en toutes choses que le nombre, c'est-à-dire l'ordre, la mesure, l'harmonie. Cela seul est accessible à leur science, donc cela seul est vrai, est réel, est éternel, comme leur science elle-même. Les premiers mathématiciens, ils sont aussi les premiers « qu'égare, — suivant un mot connu, le démon de la géométrie » : ils ne sont pas les derniers. J'ai fait allusion au rationalisme dogmatique de Parménide et de Démocrite. Pour l'un, qui nous est peu connu comme géomètre, il faut songer qu'il a vécu en Italie, non loin des Pythagoriciens. Quant à Démocrite, ce fut certainement un des plus grands mathématiciens du v⁰ siècle. Mais arrivons à Platon! Qui ne connaît l'enthousiasme ardent qu'il ne cessa de manifester pour la géométrie? Ses dialogues sont tellement imprégnés de vues mathématiques, qu'on serait parfois tenté d'écrire à la première page de tel de ses livres ces mots inscrits, suivant la légende, à l'entrée de l'Académie : « Que nul n'entre ici s'il n'est géomètre! » Nous aurons à chercher quelle part effective il put prendre à l'œuvre qui, depuis Pythagore, avait prodigieusement grandi ; mais, en tout cas, c'est surtout par sa tournure d'esprit, par sa méthode dialectique , par le caractère essentiel de ses théories que Platon est géomètre.

Vous connaissez, pour les avoir parcourus dans quelque traité élémentaire, ces raisonnements de la géométrie euclidienne, véritables chefs-d'œuvre de persuasion qui, de quelque définition nettement posée, vous conduisent insensiblement à une conclusion qu'il faut bien accepter, sous peine, semble-t-il, de mettre la raison en contradiction avec elle-même. On sent, à travers le langage du géomètre, la préoccupation incessante de ne donner prise à aucune objection, d'épuiser dans chaque question toute la série des cas possibles. On dirait qu'il s'attache à convaincre un adversaire exigeant prêt à profiter de la moindre issue laissée au doute ou à la négation. Il varie d'ailleurs ses procédés de persuasion ; tantôt descendant en toute tranquillité d'une vérité déjà établie à quelqu'une de ses conséquences ; tantôt, au contraire, remontant de ce qu'il veut prouver à quelque proposition déjà connue. Et, chaque fois, la conclusion apparaît comme une victoire, comme un triomphe, soit que le géomètre aille tout droit à une affirmation qui découle directement d'une vérité déjà admise, soit que l'adversaire supposé, auquel il a été fait une concession, se trouve directement conduit par là même à une absurdité manifeste. Ne reconnaissez-vous pas la forme logique du dialogue de Platon? Il n'y a pas jusqu'à une subtilité enfantine et quelquefois fatigante de certaines pages du penseur grec qui ne se retrouve chez les géomètres. Que de fois, en lisant Euclide, par exemple, n'est-on pas tenté de le trouver trop minutieux, trop long, trop patiemment complet?

Mais il ne s'agit là que de la forme extérieure sous laquelle apparaît la pensée de Platon. Si, comme il le fait dire à Socrate dans *la République*, la géométrie fut à ses yeux « la connaissance de ce qui est toujours, non de ce qui naît et périt », n'est-ce pas elle qui fut pour lui comme le premier type, le plus simple, le plus familier, d'un ensemble de vérités immuables, dont il devait chercher la source par delà les bornes du monde contingent où nous vivons? Et sa fameuse doctrine de la réminiscence ne dut-elle pas ainsi en partie son origine à cette géométrie, à cette œuvre de la raison, qui atteignait à une réalité éternelle?

Quant à la nature essentielle des êtres divins que, d'après Platon, notre âme a contemplés dans une vie antérieure, et qui sont à la fois la source et le but de toute véritable connaissance, quant aux *idées*, la théorie platonicienne n'est-elle pas comme le dernier mot auquel pouvait aboutir le conceptualisme de la géométrie nouvelle? Quels sont en effet les éléments essentiels qui forment le fond de cette géométrie et la distinguent de la façon la plus radicale, dès les premiers Pythagoriciens, de tout ce qu'avait produit l'Égypte? Il serait naïf d'insister sur ce que ces éléments ne sont pas empruntés de toutes pièces au monde matériel qui nous entoure. Mais il y a plus : le géomètre grec ne se contente pas de dégager de l'expérience des formes dont son imagination n'aurait plus qu'à perfectionner les contours. Il dépasse infiniment la réalité concrète et s'efforce de pénétrer dans le monde de l'idée pure, en construisant à sa façon les éléments qui feront l'objet de son étude. Vous comprendrez mieux cela quand nous serrerons d'un peu plus près la contexture de la géométrie rationnelle. Mais, en deux mots, on peut dire qu'aux éléments de l'intuition, à la forme, à la position, aux qualités concrètes particulières qui apparaissent dans la vue des objets géométriques, le géomètre grec s'efforce de substituer des concepts définis, d'où la qualité sensible soit partiellement exclue, et où entrent à sa place des rapports saisissables par l'intelligence. Il dirait volontiers lui-même de ces concepts qu'il en a retiré l'*accident*, pour n'y laisser subsister que l'*essence* intelligible. Et on a l'impression que s'il n'a pas perdu le contact de la réalité concrète, du moins sa matière a une tendance à se confondre avec un monde idéal d'êtres conceptuels. Or la science fondée sur ces *notions définies* a du premier coup pris son essor vers des vérités d'ordre universel, immuable, nécessaire, d'ordre éternel et divin; — n'était-ce pas en réalité que dans ces notions définies, dans ces concepts, elle atteignait l'immuable, le nécessaire, l'éternel, le divin? Donnez à ces concepts le nom platonicien, et vous n'êtes pas loin de la théorie des *idées*.

Dans cette union étroite de la géométrie et de la philosophie que Platon personnifie à un aussi haut degré, est-il toujours exact de dire que la première détermine en quelque mesure la forme de l'autre? N'est-il pas parfois raisonnable de croire que les caractères communs à l'une et à l'autre dérivent de la nature même de l'esprit grec? Par exemple, s'il s'agit de cette passion de la logique raisonneuse et subtile que nous avons trouvée à la fois chez les géomètres grecs et chez Platon, s'il s'agit encore des tendances idéalistes qui leur sont communes, pourquoi ne pas admettre que ce sont là des traits essentiels à l'intelligence hellène, qu'il n'y a pas lieu d'en chercher l'origine dans l'éducation géométrique, mais qu'au contraire la géométrie semble plutôt recevoir sa forme, comme toute autre manifestation du génie grec, des éléments qui le caractérisent? Remarquons d'abord que si on reconnaît à la géométrie, et plus généralement à la science positive, la faculté de refléter jusqu'à un certain point les qualités intellectuelles, la tournure d'esprit de ses créateurs, à quoi je ne contredis nullement, elle devient alors l'une des expressions solidaires et indissolublement liées de la pensée en quête de connaissance, et par là elle reste une des sources d'information les plus précieuses pour l'étude des conceptions philosophiques : s'il s'agit de Platon, par exemple, il faut conclure même de ce point de vue que sa pensée n'apparaît pas dans son entière clarté, si l'on sépare en lui ce qui est si fortement uni, le philosophe et le géomètre. Mais il y a plus : la géométrie nouvelle, précisément parce qu'elle s'adaptait si parfaitement au génie grec, à son besoin de logique, de rigueur, d'harmonie, à son caractère idéaliste et à toutes ses qualités esthétiques, avait du premier coup pénétré profondément au cœur de la pensée hellène; elle s'y était comme infusée, et celle-ci allait pour longtemps en garder la marque indélébile.

Aux rêveries de Platon, chez qui on ne sait ce qu'on doit le plus admirer du philosophe ou du poète, succède la pensée si fortement équilibrée et si puissamment solide d'Aristote. Fils et petit-fils de médecins, éminemment observateur, curieux de toutes choses que peut offrir la réalité tangible et visible, les pierres, les plantes, les animaux, les phénomènes atmosphériques, Aristote, créateur, semble-t-il, de toutes les sciences d'observation, échappe-t-il enfin au prestige de la science parfaite et rigoureuse par excellence, se dégage-t-il des empreintes de la géométrie? Certes, il nous apparait à cet égard assez loin de Platon, en ce sens que les idées, les concepts n'ont plus à ses yeux une existence intrinsèque. Mais cependant ce ne sont pas les individus ou les phénomènes séparément observés qui l'intéressent au point de vue de la connaissance, ce sont encore les notions définies qui se cachent en eux et qui en forment l'essence spécifique. Il ne sépare pas ces essences, comme Platon, de la réalité sensible; mais dans celle-ci, c'est encore l'intelligible, et l'intelligible seul, qui, pour lui, doit faire l'objet de la science : de la notion intelligible, de l'idée spécifique se déduiront logiquement toutes les propriétés de l'individu. Et ainsi c'est encore une connaissance logique et démonstrative qu'Aristote réclame pour la raison. De là, en dépit de son attachement aux choses concrètes, le caractère idéaliste de tous ses écrits; de là aussi l'impression qu'il donne de sa croyance à la perfection, à l'achèvement de tout ce que son intelligence élabore; de là comme un cachet définitif laissé par lui à la fois aux théories logiques et métaphysiques, ainsi qu'à toutes les connaissances dont son œuvre est une vaste encyclopédie; — de là enfin, sans doute, cette influence si vivace d'Aristote pendant tout le moyen âge. Jusqu'au XVIe siècle, en effet, Aristote, c'est à la fois la philosophie intégrale et la science arrêtée, présentées sous le couvert du rationalisme le plus parfait, c'est-à-dire au nom de la lumière naturelle; et ce que suggère le plus aisément le commentaire de ses écrits, c'est une dispute logique et formelle, — ressemblant d'ailleurs à la dialectique subtile, mais vivante des Grecs, comme à la vigoureuse jeunesse ressemble la vieillesse épuisée. C'est que, après le grand effort d'Aristote et l'éclat de l'école d'Alexandrie, la science positive a subi une longue éclipse. A peine quelques lueurs

brillent-elles par instants, elles restent isolées. C'est
trop souvent l'ombre d'Aristote qui donne un restant
de vie ou d'illusion à la méditation réfléchie, ce n'est
plus la science triomphante des Grecs. Mais que
paraissent Copernic, Viète, Galilée, Képler, et celle-
ci, subitement agrandie par le génie de ces hommes,
va reprendre ses droits et insuffler une vigueur nouvelle à la pensée philosophique. La mathématique
ancienne, commençant déjà à se prêter à un langage
plus analytique, s'adapte à la physique avec Galilée,
et conduit Képler à une interprétation remarquable
des phénomènes du monde planétaire.

Imaginez-vous, à l'énonciation des immortelles
lois de Képler, la joie victorieuse qu'eût ressentie un
Pythagore ou un Platon? Dans leur course vertigi-
neuse vers une vérité idéale qui les attirait surtout
par son charme mystérieux, les géomètres grecs
avaient rencontré sur leur chemin des problèmes
extraordinairement variés. En particulier, leurs
efforts s'étaient portés sur ces courbes que l'on
nomme sections coniques, dont l'une est l'ellipse, et
voilà que deux mille ans plus tard, c'est cette ligne
dont ils avaient appris à connaître les propriétés qui
venait donner la clef de l'énigme des mouvements
planétaires. « Quoi d'étonnant à cela? se fût écrié
Pythagore; la géométrie, c'est le nombre dans l'étendue, et le nombre n'est-il pas l'âme essentielle de
toutes choses en cet univers? » — « Ἀεί ὁ θεός γεωμε-
τρεῖ, eût dit Platon : les vérités de la géométrie
n'énoncent-elles pas une à une les lois divines auxquelles est soumis le monde, œuvre de l'éternel géomètre? » Et comme si tout à coup la pensée grecque
elle-même eût été évoquée par ce retour soudain à la
science qu'elle avait créée, ce qu'auraient dit Platon
et Pythagore, c'est Descartes qui va le proclamer :
Oui, la matière n'est que l'étendue, dira-t-il, c'est-
à-dire pour lui la quantité extensive, — c'est-à-dire,

en somme, le nombre! Oui, le monde n'est qu'une géométrie, et la connaissance de l'univers doit se réduire à une mathématique universelle.

On dit avec raison que Descartes est le père de la philosophie moderne. Un lien étroit le rattache à la pensée grecque, c'est qu'il est avant tout et profondément géomètre. Ses premiers travaux ont eu pour effet de transformer les mathématiques pures, et son esprit en a gardé une trace ineffaçable. Il faut lire dans ses écrits tout ce qui touche à sa logique pour sentir combien il est pénétré de l'esprit géométrique : un seul moyen existe de dissiper le vague et l'obscurité de sa pensée, quand il développe les règles de sa méthode, c'est d'avoir présente à l'esprit la méthode mathématique elle-même. Descartes croit aux vérités éternelles, à la légitimité de la certitude fondée sur l'idée claire, et il apporte au problème de l'origine des idées, par sa conception de l'innéité, une solution qui fait vaguement songer à la doctrine platonicienne de la réminiscence. Quel que soit le fondement métaphysique auquel il rattache après coup toute sa théorie de la connaissance, l'histoire du développement de sa pensée ne nous échappe pas : elle s'est formée d'abord au contact de la géométrie.

Celle-ci était d'ailleurs en pleine renaissance. Avec Descartes, Pascal, Fermat, Roberval, Desargues et bientôt Leibniz, elle rappelait par son éclat les plus beaux temps de la période antique. Comme alors, que de grands esprits furent plus ou moins pénétrés de cette géométrie rajeunie, transformée sans doute, mais qui n'avait rien perdu de ses qualités de rigueur et d'harmonieuse clarté! Qui oserait nier qu'elle dût contribuer, en quelque mesure, à donner sa forme à la langue, au goût, à la pensée du XVIIe siècle? En tout cas, comme nous sommes peu surpris de retrouver chez Descartes, chez Malebranche, chez Leibniz, sinon l'idéalisme naïf des philosophes grecs,

pour qui la pensée logique était posée comme identique à l'Être, du moins cet idéalisme peu exigeant,
qui, après avoir édifié la connaissance sur la raison, provisoirement séparée des choses, se conten-
tait, pour les y unir, d'une intervention divine, et
aboutissait ainsi à la même conclusion : l'adaptation
parfaite et indiscutée de la réalité à notre intelligence.

Ne croyez pas d'ailleurs que de Descartes à Leibniz
la pensée soit restée stationnaire : le mouvement de
la science est dès maintenant trop accéléré pour
laisser se reposer la méditation philosophique. A la
suite des premières expériences de Galilée sur la
chute des corps, commençait à se former, grâce surtout aux travaux de Huyghens, une science nouvelle,
la dynamique. Les notions fondamentales sur lesquelles elle pouvait rationnellement s'édifier ne
devaient clairement apparaître qu'avec Newton, mais
déjà pourtant les idées nouvelles se laissaient confu-
sément deviner et commençaient à pénétrer les
esprits : parmi elles, l'idée de force, de puissance, de
virtualité — que Descartes avait écartée au même
titre que toute qualité substantielle — venait, sem
blait-il, au nom de la science positive elle-même,
jouer un rôle décisif dans l'explication des choses :
dès lors, par un phénomène constant dans l'histoire
de la pensée, cette notion passe dans la philosophie,
et c'est elle qui domine en maîtresse les doctrines
essentielles de Leibniz. Au mécanisme universel de
Descartes, il oppose un monde où, comme l'a dit
M. Boutroux, « tout est force, vie, âme, pensée, désir ». Les idées innées contre lesquelles Locke s'est
élevé avec tant de vigueur deviennent pour Leibniz
les perceptions insensibles, les perceptions confuses
de la monade, qui *tendent* naturellement vers des
perceptions claires. Et la transformation de la monade
consiste essentiellement en cette sorte d'appétition,

de virtualité, de puissance qui tend à l'acte. Ce n'est pas tout d'ailleurs : avant la publication de ses travaux philosophiques, dans ses voyages à Londres et surtout à Paris, où il avait particulièrement cultivé l'amitié de Huyghens, Leibniz s'était appliqué avec passion à l'analyse mathématique. Il avait, presque en même temps que Newton, posé les bases du calcul infinitésimal, et sa joie avait dû être grande de sentir à quel point cette mathématique nouvelle résolvait tout à coup une foule de problèmes physiques inaccessibles à l'ancienne. Or, en un mot, quelle est l'idée fondamentale du calcul infinitésimal? Les phénomènes géométriques ou physiques n'y sont plus étudiés en eux-mêmes, dans un état déterminé, mais dans la façon dont ils tendent à se modifier infiniment peu pendant une variation continue. Eh bien, mais cette théorie capitale dans la philosophie leibnitienne du développement continu de la monade, cette notion de la perception insensible — j'allais dire infiniment petite, — qu'est-ce donc que tout cela, sinon la projection dans la constitution interne des monades et de l'âme en particulier des vues mathématiques de Leibniz? Enfin il n'y a pas jusqu'à la doctrine de l'harmonie préétablie qui ne puisse se rattacher, comme il l'explique lui-même d'ailleurs, à ses travaux de mécanique rationnelle. Mais je craindrais de vous fatiguer en insistant : il me suffit de vous avoir montré, de Descartes à Leibniz, le mouvement de la pensée scientifique se reflétant jusqu'à un certain point dans les variations de leur dogmatisme idéaliste.

Contre ce dogmatisme, Locke, en Angleterre, avait essayé de réagir avec force. Pour lui, l'esprit est une table rase, où les choses viennent simplement marquer leur empreinte. Plus d'idées innées, plus de principes *a priori*, il n'y a dans l'entendement d'autres éléments que ceux qu'apporte la sensation. Cette théorie en apparence moins naïve que celle qu'elle veut combattre, se heurte pourtant à une difficulté : elle est impuissante, semble-t-il, à rendre compte du caractère immuable, nécessaire, apodictique des vérités de la science. Comment *le nécessaire* pourrait-il surgir des seules données des sens? Hume essaie de répondre, et est conduit, par une analyse profonde de la loi de causalité, loi fondamentale dans les sciences physiques, à déclarer qu'elle se réduit à une simple habitude d'esprit. C'est sans doute, puisque Kant le dit lui-même, cette effrayante conclusion de Hume, qui vint provoquer chez le penseur allemand l'effort le plus puissant que semble offrir l'histoire des idées pour apporter une réponse nouvelle au problème de la connaissance. Mais d'où allait donc jaillir la théorie kantienne? Après tout Hume n'apportait-il pas une solution de la difficulté capitale, en ramenant à l'illusion notre croyance à la nécessité objective de certains principes? Si Kant a senti un aussi vif désir de chercher après lui, c'est que, avant toute réflexion, avant toute analyse, il croyait invinciblement à la nécessité réelle de certains jugements formulés par l'esprit. Et d'où lui venait donc cette foi profonde? Faut-il se contenter de voir une loi de nature dans l'oscillation de l'esprit humain entre des théories opposées, et accepter comme un phénomène normal, après l'effort de Locke et de Hume, le retour de la pensée à l'affirmation dogmatique des vérités nécessaires? Non, l'explication est ailleurs. Tandis que la dispute philosophique cherchait un fondement solide pour la connaissance, la science avait continué sa marche ascendante. Les mathématiques s'étaient enrichies de la mécanique céleste, et Newton, par sa loi de la gravitation universelle, avait donné le plus merveilleux exemple d'application de la science théorique au monde réel. Comme ce personnage historique qui démontrait le mouvement en

marchant, la science, par sa pénétration aussi intime
des phénomènes célestes, ne semblait-elle pas apporter la preuve incontestable que les vues spéculatives de l'esprit s'adaptent nécessairement à la réalité?
Or, messieurs, Kant, avant d'écrire la *Critique de la
raison pure*, a passé plus de trente ans à contempler
l'œuvre de Newton. Ses travaux les plus importants,
de 1747 à 1781, témoignent pour elle d'une admiration enthousiaste. Il a essayé d'expliquer par l'attraction de la matière la formation du système solaire, et
même du ciel tout entier; il a édifié sa philosophie
de la nature sur un dynamisme étrange, montrant
surtout à quel point il a été comme fasciné par les
prodigieux succès de la science newtonienne. C'est
elle, n'en doutez pas, c'est cette science dont il a
l'âme remplie, qui détermine chez lui cette révolte
si naturelle et si soudaine contre le scepticisme du
penseur écossais. Hume s'est trompé en méconnais-
sant la nécessité objective des lois fondamentales de
la science, et puisque c'était là le seul moyen de sauver
l'empirisme, c'en est fait de l'empirisme lui-même.
Ce n'est décidément pas l'expérience qui rend possibles nos concepts et nos jugements, et son accord
nécessaire avec eux exige alors qu'inversement ce
soient nos concepts qui rendent l'expérience possible. De là la théorie kantienne, suivant laquelle les
principes de la science rationnelle ne font qu'énoncer
les conditions *a priori* de toute connaissance empirique. — S'il était possible d'oublier le point de départ de Kant dans cette théorie originale, il suffirait
de relire le début de sa *Critique*. Le fait primordial
pour lui est la possibilité de jugements *a priori* et
en même temps synthétiques, c'est-à-dire ne se ré-
duisant pas au principe d'identité « A est A », impli-
quant déjà quelque connaissance nouvelle. Comment
Kant s'y prend-il pour vaincre sur ce point essentiel
la répugnance du lecteur? Il le renvoie simplement

à la nature indiscutée, indiscutable à ses yeux, des jugements mathématiques.

Ainsi, depuis Pythagore jusqu'à Kant, la philoso-phie de la connaissance n'a cessé de se laisser guider, consciemment ou non, par la pensée scientifique et, en particulier, semble-t-il, par la pensée mathéma-tique. Certes, les sciences d'observation ont fait depuis un siècle des progrès étonnants, la méthode expérimentale marche de miracle en miracle. Cepen-dant, et cela du moins au point de vue de la philoso-phie de la connaissance, je ne sais s'il ne continue pas à y avoir quelque chose de plus attirant, de plus séduisant, de plus capable d'exciter la méditation de l'homme le moins fait pour la réflexion spéculative, dans cette mathématique, qui aujourd'hui, comme au temps de Pythagore, prend son essor vers un idéal inconnu, avec un désintéressement complet, une insouciance absolue du monde des sens, et qui, des hauteurs où elle s'élève, redescend ensuite, et s'adapte aux sciences physiques avec d'autant plus d'aisance qu'elle était montée plus haut, semble-t-il, loin de la réalité tangible. Aussi ne croyez pas que le charme ait cessé, que le « démon de la géométrie » ait achevé son œuvre. Tant qu'il y aura au monde un philosophe préoccupé de deviner l'énigme de la connaissance, il trouvera d'abord devant lui cette mathématique, qui lui dira : « Je suis le premier mystère à expliquer; je suis, quoi que tu puisses faire, la manifestation la plus étonnante de l'activité de l'esprit puisant en ses propres ressources et se trouvant ainsi miraculeuse-ment marcher au-devant des choses, je suis essen-tiellement l'idée, le logique, le rationnel, je suis l'éternel métaphysique de la science positive. »

Mais si c'est bien là le caractère à jamais séduisant des sciences spéculatives et particulièrement des mathématiques pures, les penseurs qu'il attire, et chez qui il éveille une réflexion philosophique péné-

trante et féconde, ne sont pas toujours ceux qui le
reconnaissent le plus volontiers. On dirait parfois
qu'ils ont inconsciemment subi le charme, et c'est
malgré eux, dans les précautions mêmes dont ils
s'entourent contre lui, qu'il est permis d'en découvrir les effets manifestes. Tel est le cas si curieux et
si intéressant d'Auguste Comte, dont la vie s'est pas-
sée en grande partie à étudier passionnément et à
enseigner les mathématiques. Pour lui, vous le savez,
il n'y a de science que des phénomènes observables,
d'où se dégagent naturellement les lois. Que deviennent alors les mathématiques pures? Vous le
devinez sans peine. Ce ne sont plus que des sciences
naturelles, différant des autres en ce que leur objet
est plus général. Et le métaphysique dont nous par-
lions tout à l'heure? et cette part active de l'esprit
dépassant la nature pour mieux la connaître ensuite?
Chimères que tout cela : les spéculations qui n'ont
pas un *substratum effectif*, pour me servir de sa
propre expression, ne sont que des rêveries. Soit!
Ouvrons les yeux cependant. Ne sommes-nous pas
frappés d'abord du rang que Comte assigne aux mathématiques, dans l'éducation intégrale telle qu'il la
conçoit, et, quelles que soient les raisons alléguées,
cela ne nous fait-il pas vaguement songer à Platon et
à sa devise : « Que nul n'entre ici s'il n'est géomètre! »
Puis quelle est l'attitude d'Auguste Comte en présence des applications merveilleuses et inattendues
de la mathématique pure? J'ai cité, par exemple, au
cours de cette leçon, l'usage que fit Kepler, pour
déterminer les orbites planétaires, des travaux des
Grecs sur les sections coniques. Vous pensez bien
comme moi, et d'ailleurs comme Auguste Comte,
qu'Apollonius ni ses prédécesseurs n'étaient guidés,
dans leurs belles recherches, par la perspective d'une
aussi précieuse application. Ils suivaient en artistes,
plus encore qu'en savants, le penchant qui les entraî-

nait à l'accomplissement de leur œuvre. Mais alors
n'y a-t-il rien de surprenant à cette adaptation au
moins inattendue? Auguste Comte se contente de
répondre : l'imagination des géomètres grecs envi-
sageait une à une toutes sortes de formes; parmi
elles, quelques-unes pouvaient se trouver *réalisées*
dans la nature; et c'est précisément ce qui est advenu
de l'ellipse, par le plus heureux des hasards. Il
ajoute d'ailleurs que la géométrie moderne va moins
à l'aventure et sait mieux que l'ancienne se préparer
avec certitude à saisir toutes les formes *réellement
existantes*. Dans cette explication trop simple, il
entre, vous l'avez vu, une notion qui donne passable-
ment à réfléchir, celle des formes géométriques
naturellement *réalisées*. La pensée d'Auguste Comte
est peut-être sur ce point plus difficile à saisir qu'elle
ne paraît. Mais, en tout cas, son langage ne rappelle-
t-il pas à distance, — je ne dirai pas seulement celui
de Platon, — mais même celui de Pythagore, qui
n'hésitait pas à *réaliser* le nombre dans les choses?
— Et enfin, il semble bien que d'autres idées, d'ordre
aussi métaphysique, disons le mot, aient guidé souvent, sinon toujours, dans ses conceptions, le philosophe positiviste. Les grands géomètres depuis les
premiers Grecs jusqu'à Leibniz et à Kant, ont tous
gardé du contact de leur science une foi toute naïve
dans le caractère immuable et nécessaire de certaines vérités apodictiques. Auguste Comte est à cet
égard, plus qu'il ne croit sans doute, leur digne suc-
cesseur : il pose comme principe fondamental de la
philosophie positive la croyance aux lois immuables
de la nature telles que le savant les découvre. Et il
est curieux de voir comme cette part d'absolu qui
reste dans sa pensée, — le rapprochant à cet égard
d'Aristote lui-même, — le conduit incessamment à
considérer l'œuvre de la science comme achevée. Il
déclare volontiers que, dans telle voie, l'esprit

humain ne peut aller plus loin, sous peine de tomber
dans les rêveries et les chimères. Ces chimères, c'est
aujourd'hui en mathématique la théorie générale des
fonctions, — en physique, l'analyse spectrale, la
théorie des ondulations, la théorie électro-magné-
tique, et ainsi de suite.

Mais si Auguste Comte nous apparaît déjà comme
un ancien, nous serions mal venus à le lui reprocher : son œuvre était puissante et féconde pour son
temps. Il avait plus que tout autre contribué à ramener la réflexion philosophique, dans le domaine de
la connaissance, à l'analyse des données de la science,
et par là il avait préparé lui-même la réaction qui
allait se produire contre ses propres idées. Car, si
nous ne pensons plus tout à fait comme lui, si nos
vues semblent moins étroites, vous ne supposez pas
au moins que ce soit dû aux efforts de quelques litté-
rateurs qui, sans avoir jamais comtemplé la science
que de très loin, se sont mis tout à coup à gémir sur
son impuissance. Non, c'est la science rationnelle
elle-même qui, au contraire, par son prodigieux
développement, est venue nous apporter des idées
nouvelles. Les grandes hypothèses théoriques ont de
plus en plus pénétré la physique générale de l'univers, et, tandis que, d'une part, nous nous sommes
familiarisés avec elles, au point d'entrevoir en quelques-unes des conceptions qui, réduites à leur forme
pure, sauront peut-être rester à l'abri des contradictions expérimentales, — elles nous ont en même
temps laissé l'impression qu'elles peuvent se remplacer l'une l'autre, s'équivaloir dans l'interprétation
et la prévision des phénomènes; bref qu'elles sont
essentiellement des langages plus ou moins précieux,
plus ou moins simples, et non point des traductions
fidèles d'une réalité absolue. En outre et surtout, la
mathématique moderne a subi depuis trente ans une
transformation étonnamment suggestive. Si Auguste

Comte vivait de nos jours, il ne réclamerait plus
avec la même insistance un *substratum effectif* aux
rêveries des analystes; ou tout au moins le mot *effectif*
n'aurait plus pour lui la même signification. Les conceptions des géomètres dépassent tellement aujour-
d'hui le monde de l'intuition, et tendent si bien à
devenir de pures créations de l'intelligence, que la
question de leur réalisation dans la nature n'embar-
rassera plus personne : elle ne se pose même plus.
D'ailleurs les contructions des mathématiciens vont
jusqu'à nous offrir des géométries nouvelles où ne
subsistent même plus que comme cas particulier les
axiomes de la vieille géométrie grecque. C'est la dernière pierre en apparence inébranlable de la science
théorique, dont on nous fait soupçonner la mobilité ;
c'est le dernier vieux dogme de la connaissance
mathématique qui semble disparaître pour laisser
décidément le champ libre à un essor de l'esprit
qu'aucune borne n'arrête plus dans son nouveau
domaine. Car notez bien, je vous prie, ce caractère
trop méconnu de notre conception nouvelle de la
science. Si, d'un côté, nous en avons retiré l'absolu,
si la notion de loi qui tend à prévaloir, comme celle
de la vérité scientifique, s'est dépouillée de ce que
nos pères, depuis les philosophes grecs, y avaient
mis de nécessaire, d'immuable, — nous revendiquons
en même temps pour l'esprit une part infiniment
plus grande d'activité intellectuelle. Nous ignorons
ce que pourrait être une adaptation nécessaire et uniforme des idées aux choses, mais nous croyons
variable à l'infini le nombre des voies par lesquelles
peut procéder la pensée théorique pour exprimer
en son langage les phénomènes observés. Nous ne
voulons pas voir seulement dans les lois de Kepler
ce hasard heureux grâce auquel une courbe entrevue
par l'imagination des Grecs se trouve justement
tracée au firmament, mais nous ne sommes pas

extraordinairement surpris d'apprendre que la science
a usé, pour traduire certains phénomènes, de la
langue qu'elle s'était elle-même créée. — L'*absolu*
n'était-ce pas aussi l'arrêt, le terme final? Le supprimer, c'est restituer à la science son élasticité, son
charme, sa poésie; c'est refuser de croire en aucun
point son œuvre achevée, c'est lui rendre la possibilité d'un progrès indéfini.

Mais je ne veux pas insister aujourd'hui, et je me
hâte de conclure : si, depuis l'origine même de la
réflexion philosophique, nous la trouvons si intime-
ment unie à la science, si les solutions qu'ont appor-
tées les hommes au problème primordial de la connaissance peuvent se rattacher par un lien si étroit
au mouvement de la pensée scientifique, la méthode
que je veux suivre dans mes leçons n'a pas besoin de
se justifier davantage à vos yeux : elle est conforme,
sinon aux habitudes quelque peu routinières de notre
enseignement, qui par respect de distinctions sub-
tiles et surannées a quelque peine à s'y adapter, —
du moins à une tradition véritablement naturelle.

II

LA SCIENCE RATIONNELLE

Qu'est-ce que la science rationnelle? C'est une certaine tentative d'explication des choses. Et qu'est-ce qui caractérise cette tentative? C'est qu'elle procède de notre croyance que sous la mobilité fuyante des choses l'esprit parviendra à saisir du *constant*. Faire œuvre de science rationnelle c'est, par définition même, chercher à formuler quelque relation constante en des propositions qui se nomment des *lois*. Que sont enfin les choses qu'il s'agit d'expliquer? Ce sont les *phénomènes*.

Reste à savoir comment se formulent les lois. Prenons donc une série d'exemples empruntés à des domaines de plus en plus savants, et, analysant les éléments sur lesquels ils portent, montrons que ce sont des constructions s'éloignant de plus en plus, par leur caractère contingent, des matériaux nécessairement donnés.

PREMIER EXEMPLE

« Quand on a vu l'éclair, on entend le tonnerre. » — Voilà bien une loi énonçant une relation constante. Ce qu'elle affirme est présenté indépendamment de toutes circonstances variables de temps, de lieu, de personnes... Qu'est ce que « l'éclair », « le tonnerre »?

Ce sont des phénomènes donnés, produisant telle impression l'un sur la vue, l'autre sur l'ouïe, — et ils sont liés par un rapport de succession. L'idée de succession dans le temps est aussi d'ailleurs un élément donné : quelles qu'en soient l'origine et la nature, elle s'impose à nous aussi nécessairement que les impressions sensibles. Tous les éléments de la loi sont donc des représentations données, dans la confection desquelles notre activité créatrice et libre a le sentiment de n'être pour rien. Tout au plus pourrait-on dire qu'elle intervient pour circonscrire, dans le champ de la conscience, telles représentations qu'elle achève de déterminer en les isolant, en les considérant à part, en en faisant des choses auxquelles elle donne des noms. Mais chacune d'elles se dégage avec tant de netteté de la suite continue des idées ou des sensations qui défilent, pour ainsi dire, devant nous, qu'il n'y a pas lieu d'insister sur cette intervention personnelle de l'esprit. — La loi considérée est le type des inductions courantes dont sont faites les sciences où la théorie a peu de part.

DEUXIÈME EXEMPLE

« Le phosphore fond à la température de 44 degrés. » — Sans parler du fait de la fusion d'un solide, que nous pouvons considérer comme donné, demandons-nous ce que signifient ces mots « le phosphore » et « la température de 44 degrés ».

Faut-il voir dans « le phosphore » une chose donnée, une chose qui se présente, dans la nature ou dans le laboratoire du savant, avec les propriétés déterminées qu'énoncent et qu'énonceront à l'avenir tous les traités de chimie? Si l'on s'en tient à cette vue, on ne saura jamais ce qu'est le phosphore, car la suite des propriétés qu'il manifestera est illimitée comme celle des circonstances où il se trouvera placé.

3.

Or le savant qui parle du « phosphore » est clairement compris de ceux à qui il s'adresse, et se comprend clairement lui-même : la signification du mot
ne comporte donc rien de vague ni d'inconnu. Et en
effet, ce qui est ainsi nommé se trouve caractérisé
par un petit nombre de propriétés que le chimiste
énoncerait avec précision. C'est donc qu'en somme
il en a fait choix pour la définition du phosphore.
— A-t-il, pour ce choix, obéi à quelque règle impérative? Peut-on dire qu'il ne pouvait pas ne pas
prendre, pour caractériser le phosphore, les propriétés qu'il a choisies? Mais où trouver à cet égard
quelque principe d'obligation absolue? Est-ce une
règle essentielle de la chimie d'envisager, par
exemple, quelques propriétés physiques spéciales,
couleur, odeur, densité, solubilité dans tel ou tel
liquide? — Mais on a trouvé des variétés de phosphore (phosphore rouge, phosphore noir, etc.), différant, à tous ces points de vue, de ce qu'on nomme
de préférence le phosphore ordinaire. — Dira-t-on
que, pour caractériser les corps étudiés en chimie,
c'est du côté des propriétés chimiques qu'on doit
nécessairement se tourner? Mais les propriétés chimiques les plus courantes, action sur l'oxygène,
action sur l'organisme d'un être vivant, ne sont pas
les mêmes pour le phosphore rouge et pour le phosphore ordinaire. Il faut donc renoncer à parler de
règle impérative. La définition du chimiste se justi-
fiera, n'en doutons pas, par d'excellentes raisons,
qui la feront dire naturelle jusqu'à un certain point,
qui l'expliqueront, qui l'excuseront; — mais, en tout
cas, il restera évidemment une part déjà appréciable
d'activité libre dans cette décision de l'esprit qui,
choisissant quelques propriétés parmi une infinité de
propriétés observables, forme ainsi la notion théorique du phosphore.

Le « *construit* » est encore cependant bien proche

du « *donné* ». Mais passons au deuxième élément qui figure dans la loi énoncée. Que signifient ces mots : température de 44 degrés? Qu'est-ce qu'un degré? — Nous avons l'idée de température ; nous nous comprenons, sans qu'aucun commentaire soit utile, si nous disons : cet objet est chaud, celui-ci est froid. Nous nous comprenons même encore si, comparant plusieurs impressions produites sur nos sens, nous déclarons, par exemple, qu'il fait plus chaud ici que là, aujourd'hui qu'hier. Mais tout cela est distinct de la notion, utilisée par le physicien, de la *mesure précise de la température*. En effet, à nous fier à nos impressions naturelles, qu'est-ce que nous pourrions bien saisir sous ces mots : température *double* ou *triple* d'une autre? — Le physicien nous dira que, pour donner un sens à ce langage, il substitue à nos sensations vagues et obscures un phénomène observable et mesurable avec précision, la dilatation d'une certaine masse de mercure enfermée dans un tube de verre ; portant son appareil dans la glace fondante, puis dans la vapeur d'eau bouillante, il marque sur le tube successivement 0 et 100 aux points où, dans ces circonstances, vient affleurer le mercure ; enfin il partage en cent parties égales l'intervalle qui sépare ces deux points, — numérotant d'ailleurs les divisions 1, 2, 3.... jusqu'à 99 et 100. Si le mercure affleure à la division 44, on dit que la température est de *44 degrés*.

Cette fois, il est difficile de méconnaître tout ce qu'il y a d'arbitraire dans la construction du physicien : la notion du *degré*, telle qu'elle en résulte, est une véritable création. Nous voyons en effet le savant décider librement : 1° que la température se mesurera par la dilatation d'un corps ; 2° que ce corps sera une colonne de mercure dans un tube de verre ; 3° que des variations égales de température correspondront à des déplacements égaux du niveau du mercure.

Que la dilatation des corps soit le plus courant et le plus facilement saisissable des phénomènes qui accompagnent la variation de la température ; que le mercure offre des garanties pratiques d'homogénéité, de pureté, que présenterait plus difficilement toute autre substance ; qu'enfin la proportionnalité soit la plus simple, la plus naturelle des relations par lesquelles on puisse songer à faire correspondre la variation de température et la variation de volume : tout cela est possible, mais ce sont pour les constructions du physicien des raisons' justificatives et non pas nécessairement déterminantes. — Penserait-on en effet que le *degré*, tel qu'il est ainsi posé, va répondre étroitement et nécessairement dans la nature à quelque chose de constant ? Le physicien parle, il est vrai, de coefficient de dilatation des corps, de chaleur spécifique, etc., désignant ainsi certaines quantités fixes (quantités de volume, quantités de chaleur, etc.) qui entreraient en jeu pour une variation de température de 1 degré, et resteraient les mêmes pour le passage de 5 à 6 degrés ou de 90 à 91. Serait-ce que vraiment le savant serait tombé, dans cette création du degré de température, telle qu'il l'a conçue, sur quelque entité naturelle, sur quelque fonction du donné qui dominerait une foule de relations entre les choses ? Il suffit d'ouvrir un traité de physique pour comprendre qu'il n'en est pas ainsi. Ces coefficients *constants* sont d'abord posés instinctivement par le savant qui, aujourd'hui comme au temps des Grecs, conçoit comme première loi de variation, comme loi naturelle, pour ainsi dire, celle qui s'exprime par la simple proportionnalité. Les degrés une fois construits, il semble que l'accroissement de volume d'une substance quelconque va se trouver double, pour une élévation thermométrique de 50 degrés, par exemple, de ce qu'elle est pour une élévation de 25 ; en d'autres termes, il semble qu'on va pouvoir assigner à cette substance un coefficient constant donnant l'accroissement de volume pour une élévation thermométrique de 1 degré. Mais une observation rigoureuse montre bien vite que ce n'est là qu'une illusion; qu'entre certaines limites on peut bien considérer les solides comme se dilatant en simple raison directe de la température, mais que ce n'est déjà plus vrai du tout pour les liquides. Les mêmes considérations s'offriraient pour la tentative de constituer un coefficient de chaleur spécifique à chaque substance. La notion du degré, telle que le physicien l'a créée, n'est pas nécessairement liée aux phénomènes naturels par quelque rapport absolu. Et ainsi toutes les fois que la température thermométrique entrera dans l'énoncé d'une loi physique, nous nous rappellerons que la forme de cette loi est due en partie à une création du savant, et que la forme eût été différente avec d'autres conventions pour la mesure de la température. — Que l'eau, par exemple, soit substituée au mercure : la dilatation des solides qui était exprimée, au moins entre certaines limites, par la formule simple kt, sera donnée maintenant par une formule différente : $at + bt^2 + ct^3$. Il n'y a rien ici de comparable à ce qui se passerait si, après avoir mesuré les longueurs avec le mètre, on avait envie de prendre le demi-mètre pour unité; toutes les mesures seraient changées (elles seraient doublées), mais la forme d'une relation portant sur des longueurs ne serait pas altérée : deux longueurs, dont l'une, par exemple, était trouvée d'abord triple de l'autre, continueraient à se montrer dans le même rapport. Au contraire, deux températures qui étaient l'une double de l'autre n'ont plus le même rapport quand le thermomètre à eau remplace le thermomètre à mercure.

Ainsi nous voyons déjà s'introduire dans la loi étudiée des éléments construits par l'esprit du savant, et se distinguant du donné de la façon la plus

nette par leur caractère contingent et libre. Il y a là
comme un second degré de subjectivité pour les
choses sur lesquelles portent les lois de la science
théorique. Le premier degré répondait à ce fait que
toute science ne vise à expliquer, à connaître que
des *phénomènes*: au second degré, dont nous parlons,
la science substitue aux phénomènes donnés eux-
mêmes des éléments que dans une certaine mesure
l'esprit construit librement.

TROISIÈME EXEMPLE

« Chaque planète décrit une ellipse dont le soleil
occupe un foyer, et l'aire décrite par le rayon vecteur
est proportionnelle au temps. »

Qu'est-ce d'abord que cette trajectoire elliptique
dont il est question? L'ellipse est une des lignes
qu'ont définies et étudiées jadis les géomètres grecs.
Leur tournure d'esprit les portait trop à associer
le réel à l'idéal, à faire reposer toutes leurs conceptions sur un fond naturel pour qu'il soit permis de
dire qu'ils se séparaient complètement de toute
donnée concrète et sensible, quand ils parlaient de
leurs lignes géométriques. Cependant, à la lecture
d'Euclide ou d'Apollonius, on a le sentiment que si
l'intuition ne perd pas complètement ses droits, et si
sa lumière ne cesse d'éclairer la pensée du géomètre,
celle-ci du moins porte essentiellement sur des
notions quantitatives reliant quelques éléments irréductibles : distances et angles. L'*ellipse* n'intervient
pas dans les raisonnements du géomètre, pas plus
qu'elle n'interviendra dans les calculs de Képler, par
sa forme de ligne continue, ronde, plus ou moins
aplatie, ayant un dedans et un dehors; elle intervient
seulement par la propriété d'un quelconque de ses
points, de former avec certains autres points une
figure dont les éléments soient liés par une relation

quantitative déterminée. La signification de la trajectoire elliptique dont il est question dans la loi de Képler est donc celle-ci : Pour toute position de la planète, si on envisage en même temps quelques autres points, parmi lesquels le soleil, de façon à obtenir une figure géométrique, on peut énoncer entre ses éléments la relation quantitative spéciale qui sert de définition aux points d'une ellipse et au foyer. — Faut-il voir dans cette formule qui sert de lien à toutes les positions de la planète l'énonciation d'une chose naturellement donnée? Il ressort d'abord de ces quelques indications que cette formule n'a de sens que par l'intermédiaire d'un certain langage, celui que constituent tous les postulats, définitions, concepts, qui sont à la base même de la géométrie, et sur lequel ce n'est pas ici le lieu d'insister. En second lieu, même si ce langage est accepté sans réserve, il est bien évident que la forme de la relation qui devra correspondre à une trajectoire dépendra essentiellement du choix des points auxquels on rapporte les positions de la planète. En parlant le même langage géométrique, et en essayant de rapporter les positions de la planète à la terre, prise comme premier point de repère, les anciens parvenaient aussi à rendre compte de toutes ces positions. Dira-t-on qu'il y avait quelque chose d'artificiel à prendre pour point de repère un point variable tandis que du moins le soleil est fixe? Sans contester le progrès immense qui s'est trouvé effectué du jour où le système de Copernic a été substitué à celui de Ptolémée, il faut bien reconnaître pourtant avec les astronomes que l'immobilité du soleil n'est encore qu'une fiction, et qu'en somme le mouvement des planètes tel que nous le représentons aujourd'hui est toujours un mouvement relatif. Qui pourrait affirmer que dans quelques siècles ou quelques milliers d'années on ne songera pas à rapporter les positions des planètes à

quelque autre point que le soleil, point fictif au
besoin, répondant à une définition idéale?

Mais ce n'est pas tout. Qu'est-ce donc que cette
chose que nous appelons « la planète »? Est-ce un
élément donné? — Il est trop évident d'abord que,
pour s'adapter au langage géométrique, la masse de
la planète doit se concentrer en un point. Certes cela
ne présente pas de difficulté sérieuse à notre imagination et ce n'est pas pour si peu que nous parlerions
d'une intervention active de l'esprit. Celle-ci devient
plus manifeste si l'on songe que le point dont il s'agit
ne s'offre nullement de lui-même : car ce serait une
erreur de croire que la position de la planète est
purement et simplement celle que nous montrons du
doigt, si nous la voyons, — ou même celle qui nous
sera donnée par une lunette, dont l'axe fixera une
direction géométrique déterminée. Sans parler des
systèmes de coordonnées établis par l'astronome sur
la sphère céleste (analogues à la longitude et à la
latitude terrestres), un nombre inimaginable de constructions plus ou moins compliquées sépare encore
l'astronome du point donné, et entre par conséquent
dans la définition du point qu'il y substitue.

Chacun des instruments que contient un observa-
toire a sa théorie propre, et d'abord on ne saurait en
user que s'il se trouve dans des conditions normales,
c'est-à-dire dans certaines conditions prescrites. Or,
pour vérifier que telle lunette, mobile autour de son
axe, est bien rigoureusement dans le plan méridien,
— ou même que telle partie d'un appareil est hori-
zontale, telle autre verticale, — on ne saurait dire
combien de notions de toute espèce viennent s'accumuler. Quand enfin l'astronome croit pouvoir regarder
à travers sa lunette, il ne peut pas de sitôt connaître
la direction précise qu'on devra noter comme étant
celle de l'astre observé. Il faut faire subir aux indications de l'instrument une foule de corrections, et les

éléments qui interviennent dans ces corrections — température, pression atmosphérique, densité de l'air, etc. — ne sont déterminés qu'à l'aide d'appareils et de procédés dont les moins savants, les moins éloignés du donné, sont peut-être ceux qui concernent la température, et dont il a été question à propos de l'exemple précédent. Il ne suffit pas d'ailleurs de savoir déterminer les quantités qui, par l'intermédiaire d'une série de constructions, serviront de mesure à ces éléments : il faut encore accepter un certain nombre de théories spéciales qui fourniront les formules de correction liant ces quantités entre elles. Citons, par exemple, les formules relatives à la réfraction atmosphérique. Les rayons qui nous viennent des corps célestes ont à traverser notre atmosphère, c'est-à-dire une série de couches d'inégale densité : de quelle façon doit-on en tenir compte? On a pu, avec Cassini, substituer à notre atmosphère une atmosphère de densité moyenne, — supposer, avec Newton, les pressions proportionnelles aux densités, comme si la température était uniforme, — admettre simplement, avec Laplace, que les couches d'égale densité sont sphériques et concentriques, etc. A chaque hypothèse correspond une formule de correction plus ou moins compliquée. — Et enfin ce ne sont pas seulement les théories avouées, pour ainsi dire, les hypothèses nettement énoncées, les constructions savantes qui séparent l'observateur de la chose observée, ce sont encore parfois des conventions ou définitions presque inconscientes, auxquelles on ne songerait pas à s'arrêter. Ainsi, en fin de compte, quels que soient les instruments employés, de quelque façon qu'on ait redressé par des formules de correction la direction qui sera enregistrée comme celle de l'astre, on s'appuiera sur ce que la lumière se propage en ligne droite dans un milieu homogène et dans le vide. Or on sait bien que ce n'est pas là un fait expérimental démontré : les phénomènes d'ombre, qui semblent en donner la preuve, outre qu'ils ne réalisent pas des conditions géométriques suffisamment rigoureuses (la source lumineuse n'étant pas un point), donnent lieu aussi à des phénomènes d'exception, comme ceux de *diffraction*, qui paraissent contredire le fait de la propagation rectiligne. Celle-ci est donc posée, non point comme vérité donnée, qui s'impose nécessairement, mais bien comme postulat fondamental de l'optique géométrique.

En résumé, le sens de la loi étudiée est jusqu'ici le suivant : Avec un certain choix de points de repère, et en adoptant le langage de la géométrie ordinaire, on peut soumettre à une certaine relation quantitative un point variable qui correspond — par l'intermédiaire d'une suite interminable de constructions — à la vue d'une planète.

La deuxième partie de la loi qui a été prise pour exemple : « l'aire décrite par le rayon vecteur est constante dans un même temps » va nous donner l'occasion de mettre en évidence une autre construction fondamentale, celle qui concerne la mesure du temps. Nous aurions pu en parler déjà à propos de la simple détermination des coordonnées ordinaires de la planète, nous l'avons réservée pour ne point trop compliquer.

L'idée du temps est donnée. Quelles qu'en soient l'origine et la signification, elle existe indissolublement dans notre pensée. Il en est de même de la notion de durée, d'intervalle de temps. Enfin nous nous ferons comprendre de tous en parlant d'un intervalle de temps plus ou moins long, en disant par exemple : cette chose a duré plus que telle autre, ou encore en disant, à propos de deux phénomènes distincts qui ont simultanément commencé et fini, qu'ils ont eu une durée égale. — Mais comment passer de là à la comparaison rigoureuse qu'exige une mesure exacte de durées consécutives ou séparées elles-mêmes par des intervalles de temps? Comment parvenir à donner un sens à l'égalité de deux de ces durées, plus généralement à leur rapport numérique?

— Il est naturel ici, comme pour les températures, de substituer à une impression vague et non susceptible de détermination précise la considération de quelque mouvement dont les circonstances successives servent à fixer les durées. Soit. Mais encore quelles séries de circonstances prendra-t-on pour définir les durées égales? — Des séries identiques, a-t-on peut-être envie de répondre. — Mais comment savoir jamais si des phénomènes qui se manifestent à nos yeux se produisent dans des conditions identiques? S'agit-il de toutes conditions possibles? Il y a dans cette totalité intégrale une chimère incompréhensible, à plus forte raison échappant à tout contrôle direct. Veut-on parler de quelques conditions essentielles, celles qui nous frappent le plus, qui semblent alors avoir une importance capitale par rapport aux autres? Mais à quoi les reconnaître? La science expérimentale est là pour nous apprendre que la suite des conditions qui nous apparaissent comme essentielles dans un phénomène quelconque se modifie sans cesse. Qu'on essaie de voir comme seule circonstance importante dans le phénomène de l'ébullition la *température du liquide*; on ne tardera pas à connaître le rôle immense d'une circonstance nouvelle : la *pression atmosphérique*. La variation de la pression d'une masse de gaz semblait à Mariotte ne dépendre que d'une condition appréciable : le volume; la loi qu'il énonçait n'a cessé d'être remaniée et corrigée par l'introduction successive d'une suite d'éléments nouveaux. Bref, il faut renoncer à voir dans des phénomènes quelconques un nombre déterminé de circonstances naturelles nous permettant de

reconnaître une identité absolue des phénomèmes.
Et nous sommes réduits par conséquent à faire un
choix, et du mouvement auquel nous aurons recours
pour fixer les durées, et des circonstances qui serviront à définir deux phases de ce mouvement de durée
égale. Certes, personne ne niera que la rotation
apparente de la sphère céleste ne nous fournisse le
chronomètre le plus commode, si simplement nous
décidons que les durées égales seront marquées par
des rotations angulaires égales. Mais encore faut-il
avouer que cette uniformité est posée par nous sous
forme de définition fondamentale, — ce dont on n'a
pas toujours eu suffisamment conscience. Sans parler
de ceux qui prétendent *démontrer rigoureusement*
l'uniformité du mouvemeht diurne à l'aide d'appareils
d'horlogerie (ils oublient qu'en fin de compte les horloges les plus rigoureuses, à savoir les horloges
astronomiques, se règlent d'après les passages consécutifs d'une même étoile au méridien), — Aug. Comte
dit simplement, à propos de la mesure du temps : « Il
faut à cet égard reconnaître avant tout que le plus
parfait de tous les chronomètres est le ciel lui-même
par l'uniformité rigoureuse de son mouvement diurne
apparent ». L'uniformité rigoureuse du mouvement
diurne semble ici n'être pas posée par définition mais
admise comme une réalité naturelle : cela rappelle les
Grecs, et Platon en particulier nous racontant dans le
Timée la naissance du temps, par suite de l'organisation des mouvements réguliers des astres. — L'astronomie moderne nous laisse d'ailleurs entrevoir
que, pour expliquer certaines inégalités des astres
planétaires, et en particulier de la lune, il se pourrait
qu'on apportât quelque correction au chronomètre
parfait lui-même en n'admettant plus l'égalité absolue
des jours sidéraux.

QUATRIÈME EXEMPLE

« Chaque planète subit de la part du soleil une attraction dont l'intensité est inversement proportionnelle au carré de la distance. » — Dans la période qui a séparé Kepler de Newton, la science a-t-elle découvert les forces dynamiques, les forces, principes naturels de mouvements, et la détermination exacte de leur direction, et la véritable mesure de leur intensité? Sont-ce là des éléments donnés que les savants ont mis à jour? Non, ce sont des constructions qu'ils ont achevé d'élaborer.

La notion de force qui est *donnée*, qui est aussi vieille que l'humanité, qui a son nom dans toutes les langues, est celle d'un effort, d'une pression, d'une impulsion, et se mesure assez naturellement par quelque effet statique, comme on dit, — par exemple, par la contraction imprimée à un ressort. Que l'on fasse correspondre une force ainsi entendue à la mise en mouvement d'un corps primitivement au repos, soit; il semble bien qu'il n'y ait là que la consécration d'un fait courant. Mais quand on parle d'une force constante ou variable qui accompagne un mobile sur sa trajectoire, sans qu'il y ait aucune trace d'impulsion, de traction, de pression, de choc, qu'est-ce que cela signifie?

Il faut d'abord, pour comprendre, connaître le principe d'inertie tel qu'il a été définitivement inscrit en tête de la dynamique rationnelle : « Si aucune force n'intervenait dans le mouvement d'un corps, ce mouvement serait rectiligne et uniforme ». Il en résulte qu'une force intervient dans un mouvement quelconque qui ne répond pas à la fois à ces deux conditions d'être rectiligne et uniforme, et en particulier par conséquent dans le mouvement de chaque planète. — Mais qu'est-ce donc que ce principe d'inertie? Peut-on le déclarer évident *a priori* comme plusieurs savants semblent l'avoir fait? Leur raisonnement se réduit à affirmer que, en l'absence d'aucune force extérieure, on *ne voit aucune raison* pour qu'un mouvement ne se continue pas dans la même direction et avec la même vitesse [1]. Il est peu d'affirmations qu'on ne parvienne à justifier de la sorte, et il n'est pas besoin de beaucoup insister sur l'inanité de cette prétendue évidence. — Peut-être songera-t-on à invoquer les catégories, et l'obligation où est l'esprit d'accepter, comme une chose donnée, la nécessité de cette loi que tout changement a une cause. La force serait simplement la cause du changement de la vitesse, ce qui justifierait *a priori* le principe d'inertie. Mais qu'on y prenne garde! la loi citée comme une nécessité donnée n'est en tout cas qu'un cadre qui s'adaptera à l'expérience et nous fera postuler une cause, partout où nous verrons un changement. Or pourquoi se borner, pour parler de changement, à la considération de cette circonstance cinématique spéciale qu'on nomme la vitesse? Ne peut-on dire qu'il y a changement du seul fait qu'un mobile se déplace dans l'espace, abstraction faite de sa vitesse, et invoquer ainsi une force produisant ce déplacement? Même en l'absence de tout mouvement, ne pourrait-on voir un changement dans la seule différence des instants où nous envisageons un corps, et invoquer une force, quand le temps s'écoule, pour faire durer le repos? La meilleure preuve que tout cela est possible au nom de la loi de causalité, c'est que toutes ces manières de penser ont été exprimées. Il faut donc renoncer à voir dans *la force* qui, par le principe d'inertie, correspond seulement à la variation d'un élément déterminé, *la vitesse*, une cause nécessairement exigée *a priori*.

1. Euler, par exemple, dans ses *Lettres à une princesse d'Allemagne*.

Sera-t-elle donnée par l'observation? L'expérience
que l'on cite le plus volontiers à cet égard est celle
d'une bille roulant sur une surface plane, et dont la
vitesse diminue de moins en moins, à mesure que
l'on atténue la rugosité de la surface, c'est-à-dire
dont le mouvement tend, semble-t-il, à devenir uniforme, quand la résistance tend à disparaître. — Mais
qui permet de dire que cette résistance soit la seule
force agissant dans ce phénomène? Qui permet, plus
généralement, dans une observation quelconque,
d'énumérer les forces déterminées en présence desquelles on se trouve, puisqu'on veut dépasser, à
propos des mouvements, la notion primitive de pression ou d'impulsion naturelle, directement vérifiable;
puisque, en d'autres termes, il est question de forces
correspondant à des mouvements qui s'effectuent
sans trace apparente d'aucun effet statique [1]? Ainsi
l'observation, pas plus qu'une raison *a priori*, ne
nous obligera à considérer comme naturellement
donnée la force que pose le principe d'inertie. Et
celui-ci nous apparaît comme fixant, par définition,
les circonstances précises où il sera question de
force, à savoir tous les cas où un mouvement ne sera
pas à la fois rectiligne et uniforme.

Comment ensuite se mesurera cette force? Quelle
direction et quelle intensité lui attribuera-t-on? —
Les principes fondamentaux de la dynamique rationnelle équivalent sur ce point à l'affirmation suivante :

---

1. On pourrait dire que l'observation, dans quelques mouvements faciles à étudier, porterait précisément sur l'appréciation
de certains effets statiques, que l'on provoquerait; — mais
cette appréciation, que l'on voudrait lier à celle de *la force*,
varierait suivant la façon dont on s'y prendrait. Ainsi rien
n'empêcherait de faire produire un effet statique très net par
quelque choc brusque, au mouvement d'un corps dont la vitesse serait constante en grandeur et en direction, ce qui
semblerait conduire à parler de force, quand le principe
d'inertie s'y oppose.

1° La force a la direction de l'accélération, c'est-à-dire d'une longueur géométrique qu'on sait construire en chaque point de la trajectoire d'un mobile, quand on connaît la loi cinématique du mouvement, et qui est en quelque façon l'image de la variation de la vitesse ;

2° La force est proportionnelle à la valeur de l'accélération.

Une démonstration mathématique établit que si, pour un mobile, la loi des aires est satisfaite relativement à un point central, l'accélération passe par ce point fixe ; donc les lois de Kepler permettent de dire : « la force agissant sur chaque planète passe par le soleil ». — Enfin à la trajectoire elliptique correspond mathématiquement *une accélération*, et par suite, d'après les principes que l'on a posés, *une force*, inversement proportionnelle au carré de la distance. C'est ainsi que la loi que nous avons prise pour quatrième exemple se tire des lois de Kepler par traduction littérale, pour ainsi dire, — et à l'aide d'un dictionnaire que constituent les principes fondamentaux de la dynamique.

Insisterons-nous sur ce que, la force étant une fois posée par le principe d'inertie, sa direction et son intensité ne se trouvaient nullement déterminées ? La seule condition nécessaire désormais était que la force s'annulât en même temps que l'accélération, c'est-à-dire dans le cas du mouvement rectiligne et uniforme. Mais la proportionnalité de la force à l'accélération avec identité de direction, ne saurait être imposée ni par l'évidence *a priori* des principes qui y conduisent, ni par la portée démonstrative de telle ou telle expérience. Il y a là, en fin de compte, une définition nouvelle.

On sent ainsi, à mesure qu'on pénètre dans des domaines de plus en plus parfaits de la science théorique, s'accumuler les définitions, les concepts, s'accentuer par conséquent l'intervention créatrice

de l'esprit. Celui-ci se laisse guider par le donné,
mais ses constructions, si naturelles qu'elles puissent
sembler, offrent en tout cas ce caractère qu'elles ne
lui sont pas nécessairement imposées, et qu'au contraire il a le sentiment très net qu'il y apporte une
certaine liberté de conception.

HYPOTHÈSES SCIENTIFIQUES

Ce qu'on nomme ainsi diffère-t-il essentiellement
des lois étudiées jusqu'ici? Si nous allons tout droit
aux grandes hypothèses de la science rationnelle la
plus parfaite, — à celle de l'éther et de ses ondulations, par exemple, — faut-il déclarer que nous abor-
dons un ordre d'idées absolument nouveau, et que
nous sortons du domaine de la science positive? Est-
ce que l'apparence de construction, d'échafaudage
plus ou moins chimérique qu'elles nous offrent d'une
façon particulièrement accentuée, nous ferait une
obligation de les rejeter hors de ce domaine? La
réponse n'est pas douteuse, après l'analyse que nous
avons faite de quelques lois prises au cœur même de
ce que tout le monde nomme la science positive. Les
postulats, les concepts, les constructions, que nous
avons signalés comme indispensables à la seule intelligence de ces lois, auraient tout aussi bien mérité le
titre de chimères, si ce mot était réservé à tout ce qui
n'est pas directement vérifiable, — et il ne saurait y
avoir tout au plus qu'une différence de degré, quand
on passe ensuite aux hypothèses : peut-être sera-t-il
juste de dire que la loi coordonne un groupe de phénomènes isolés, tandis que l'hypothèse coordonne un
groupe de lois.
Quant à la nature exceptionnelle de l'*hypothèse* qui
pourrait sembler liée à cette appellation elle-même,
il suffira, pour faire disparaître toute illusion, de
montrer qu'on peut parler d'*hypothèses* à propos de

tous les concepts qui servent à formuler les lois.
Revenons en effet sur quelques-uns des éléments
qu'ont mis en évidence les précédentes analyses. —
Nous avons dit, à propos du phosphore (deuxième
exemple), que le chimiste crée jusqu'à un certain
point une notion, en déterminant lui-même le sens
précis de la chose ainsi désignée; — n'aurions-nous
pas pu dire aussi bien qu'il fait une hypothèse, en ce
sens qu'il admet comme réellement existant un corps
qui répond à sa définition, et qui présente exactement la synthèse des propriétés énoncées? — Les
constructions thermométriques du physicien servent
à définir ce qu'on entend par variations égales de
température. Ne pourrait-on essayer de parler un
langage plus réaliste et de dire : le physicien suppose
qu'aux déplacements égaux de la colonne mercurielle
correspondent d'égales variations de température? Il
n'est certes pas commode d'expliquer le sens de ces
derniers mots, d'un point de vue réaliste absolu;
mais pourtant les notions de température et de variation de température étant données, il est peut-être
permis de s'élever *a priori* jusqu'à celle de variations égales, — idée assez vague d'ailleurs, puisqu'on
y ferait abstraction de tout procédé de vérification.
L'hypothèse consisterait alors en ce qu'on jugerait le
thermomètre capable de fournir cette vérification. Si
ce langage présente quelques difficultés, n'oublions
pas qu'il a été à certains moments le guide même de la
pensée du physicien, comme l'attestent ces notions
dont nous avons parlé, coefficients de dilatation, cha-
leurs spécifiques, etc., posées d'abord tout naturellement comme si au degré thermométrique correspon-
daient des quantités constantes dans les divers
ordres de phénomènes thermiques. — Au lieu de
voir dans la direction rectiligne de certain rayon
lumineux celle qui servira, par définition, à fixer la
position d'un astre déterminé (troisième exemple),

ne peut-on énoncer simplement cette *hypothèse* :
« la lumière se propage en ligne droite dans un
milieu homogène »? — Dans le même exemple, il a
été question du mouvement diurne comme servant
de définition aux durées égales. Comme pour la
mesure des températures, et avec des restrictions
analogues, nous pourrions essayer de dire : « par
hypothèse, la rotation terrestre est uniforme ». — A
propos enfin des notions fondamentales de la dynamique, il serait moins clair, mais acceptable à la
rigueur (n'est-ce pas ainsi qu'on s'est exprimé jusque
dans ces dernières années?) de parler des *hypothèses
fondamentales* de cette science : « on suppose, dirait-
on par exemple, que si un point matériel en mouvement n'est soumis à aucune force, sa vitesse reste
constante en grandeur et en direction »; etc.

Ainsi les hypothèses de la science rationnelle n'ont
aucun caractère essentiel par lequel elles se distinguent des lois ordinaires de cette science; la ligne
de démarcation qu'on voudrait parfois tracer entre
celles-ci et celles-là devrait logiquement être reculée
jusqu'à séparer le rationnel lui-même de l'empirique
simple.

Un problème capital se pose maintenant. La science
rationnelle utilisant les conceptions de l'esprit ne
cesse de progresser, et d'expliquer de mieux en
mieux les phénomènes naturels : faut-il voir là une
confirmation *a posteriori* de la réalité objective de
ces conceptions?

A. — Il est d'abord facile de reconnaître que
certaines notions fondamentales — nous en avons
cité quelques-unes dans les exemples analysés —
échappent, par leur nature même, à toute possibilité
de vérification, en ce sens que l'idée d'une vérification serait absolument inintelligible. Ainsi, à propos de
la mesure des températures, de la mesure du temps,

de la définition dynamique de la force, nous avons remarqué la difficulté que l'on trouve à parler un langage réaliste, à dire, par exemple, que le choix de la rotation terrestre pour la mesure du temps suppose cette rotation véritablement uniforme. Cette difficulté ne se change-t elle pas en impossibilité radicale, dès qu'il est question d'une vérification effective? Comment concevoir la vérification de l'uniformité de la rotation terrestre, en dehors de tout autre choix d'un mouvement premier auquel s'étende alors, sans être pour cela atténuée, l'impossibilité présente? — Comment entendrait-on une vérification expérimentale de ce fait que les degrés du thermomètre correspondent à des variations égales de température, en dehors de tout autre procédé de mesure qui se prêterait aux mêmes réflexions? — Comment, en dehors de la définition que déterminent les principes de la dynamique, c'est-à-dire sans accepter d'abord ce 'que l'on veut vérifier, et en dehors de toute autre définition déterminant cette chose qui se nommera *la force*, comment songer à trouver dans l'expérience la mesure réelle de cette force? — A quoi donc attribuer les confirmations expérimentales des lois qui reposent sur de pareilles notions? Mais sans doute il n'y a là que des faits d'induction courante, sauf qu'un langage spécial, celui qui se constitue à l'aide de ces notions, sert à traduire les phénomènes observés. L'ensemble des concepts que nous signalons ne cesse pas de rester entre le savant et les choses comme un intermédiaire commode que n'atteint pas la portée des confirmations expérimentales.

Et cela est si vrai qu'un changement apporté aux notions fondamentales dont il est question n'empêcherait ni de formuler les lois, ni de prévoir les phénomènes. Qu'au thermomètre à mercure on substitue le thermomètre à eau, on énoncera une loi nouvelle pour la dilatation des solides, loi qui, moins simple sans doute que la première, n'en permettra pas moins de synthétiser les observations passées, et de prévoir les observations à venir. — De cet exemple si naïf, passons à cet autre quelque peu plus savant, mais identique au fond. On sait que le mouvement annuel de la terre sur son orbite n'est pas uniforme : des arcs inégaux sont décrits en des temps égaux. Qu'on ait la fantaisie de changer de chromomètre fondamental et l'idée (étrange, sans doute, mais peu importe!) d'appeler égales les durées correspondant à des arcs égaux décrits par la terre dans son mouvement annuel, de telle sorte que le mouvement diurne cesse d'être uniforme; les aires ne seront plus proportionnelles aux temps, et par suite, sans qu'on modifie en rien les principes de la dynamique, la force qui agit sur chaque planète ne passera plus par le soleil. La loi d'attraction sera remplacée par une autre : des complications sans nombre naîtront peut-être de ce changement, mais, une fois adopté, le nouveau langage — pourvu qu'on y reste fidèle — donnera évidemment lieu aux mêmes vérifications expérimentales que l'ancien.

B. — Ainsi il faut renoncer à voir un lien absolument étroit entre certaines notions de la science rationnelle et les confirmations qu'elle reçoit des faits observés; et, si on tient compte de ce que ces notions la pénètrent de plus en plus profondément, à mesure qu'elle progresse et se perfectionne en théorie, cette remarque suffirait peut-être à trancher la question de la possibilité d'établir *a posteriori* le caractère objectivement nécessaire des conceptions scientifiques. — Mais cependant, n'y a-t-il pas dans telles de ces conceptions, dans celles particulièrement qu'on nomme des hypothèses, « un mélange de réalités et de chimères », comme disait Aug. Comte, c'est-à-dire pour nous un mélange de concepts échap-

4.

pant par leur nature à toute vérification, et de faits
sinon directement connaissables, du moins analogues
à des phénomènes connus? Ne semble-t-il pas alors
qu'on puisse encore parler de *vérité* et de *fausseté* à
propos de ces conceptions, et compter sur l'expérience, soit pour en établir la fausseté par quelque
contradiction, soit pour en démontrer l'exactitude
par une confirmation prolongée? — Répondons aux
deux questions ainsi posées.

a. — Une expérience contradictoire avec quelque
conséquence logiquement déduite d'une hypothèse
théorique prouve-t-elle la fausseté de cette hypothèse?

Si on tient compte d'une part de tous les matériaux qui constituent l'hypothèse, — d'autre part de
toutes les théories, de tous les postulats, de toutes
les conventions, de toutes les notions qui entrent
dans l'interprétation, dans la traduction d'une expérience tant soit peu savante (voir plus haut ce qui
concerne une observation astronomique; il en est de
même de toute observation précise faite dans le laboratoire du physicien), on voit que la contradiction
de quelque expérience avec l'hypothèse prouve simplement la nécessité de modifier l'un au moins des
éléments de cet ensemble si complexe. Mais aucun
d'eux n'est directement désigné; et, en particulier,
l'idée maîtresse de l'hypothèse [1], celle qui la caractérise essentiellement, peut être maintenue aussi
longtemps que l'on consentira à faire porter les
corrections sur des éléments différents. C'est ainsi
que l'hypothèse de l'émission, telle, par exemple,
qu'elle était présentée par Biot, avec cette multitude
de conventions accessoires que l'on sait, aurait pu,

---

1. Voir sur ce point l'article si intéressant et si complet de
M. Duhem : *Quelques réflexions au sujet de la physique expérimentale.* (*Revue des questions scientifiques*, juillet 1894.)

si on y avait absolument tenu, résister à la célèbre expérience de Foucault sur les vitesses comparées de la lumière dans l'air et dans l'eau. — C'est ainsi encore qu'une même expérience (de Wiener) a pu être mise à la fois *d'accord* et *en contradiction* avec l'opinion de Fresnel sur le sens de la vibration dans les rayons polarisés, suivant la manière adoptée de définir et de mesurer, dans l'expérience, « l'intensité lumineuse ».

b. — Une confirmation prolongée que les faits apportent à une hypothèse de la science rationnelle peut-elle devenir une preuve de sa vérité? — Portons notre attention sur deux points essentiels. — α — Le nombre des faits nouveaux qui apportent une confirmation à l'hypothèse est beaucoup plus restreint qu'il ne paraît. — β — Quel que soit leur nombre, l'hypothèse qui les explique n'est pas seule à pouvoir le faire, elle est une des innombrables solutions d'un problème indéterminé.

α. — Une hypothèse a été formulée pour rendre compte de quelques lois générales régissant les phénomènes d'un ordre particulier. Ainsi l'hypothèse des ondulations de l'éther explique les lois générales de l'optique : réflexion, réfraction, interférence, polarisation. N'est-il pas de toute évidence qu'elle expliquera aussi, c'est-à-dire qu'elle permettra de traduire dans son propre langage, tout phénomène qui ne sera qu'une application à quelque cas particulier de ces lois générales? En d'autres termes, tout ce qui rentrera dans ces lois générales rentrera par cela même dans l'hypothèse, sans qu'il soit permis de parler de confirmation *nouvelle.* Si le physicien s'est habitué à ne faire intervenir ces lois que sous la forme imagée de l'hypothèse, et si cela peut lui faire illusion au point que les conséquences des lois deviennent dans sa pensée des conséquences de l'hypothèse même, nous ne devons pas nous y tromper. Toute autre conception qui s'accorderait avec les faits généraux pourrait de la même manière être mise dans un rapport direct avec les faits particuliers qui en découlent. C'est ainsi que nous devons garder quelque circonspection à l'égard des prétendues preuves nouvelles que semble sans cesse apporter la science à telle ou telle hypothèse. — Il y a quelques années, la *photographie des couleurs* est venue émerveiller le monde savant, et la découverte en a été d'autant plus remarquable, qu'elle avait été méthodiquement poursuivie. Les principes dont on l'a tirée ne sont autres que les lois générales de l'optique, et surtout *la loi des interférences*. Mais, présentée dans le langage des ondulations, qui s'adapte si bien d'ailleurs aux phénomènes d'interférence, cette découverte n'a-t-elle pas passé, aux yeux de bien des savants, pour une confirmation précieuse de l'existence de l'éther et de ses vibrations?

β. — Le nombre des faits distincts, qu'une hypothèse relie entre eux par une explication synthétique, est donc généralement beaucoup plus restreint qu'il ne paraît. Mais, en tout cas, quel que soit ce nombre, combien d'autres conceptions ne pourrions-nous pas lui substituer, qui rendraient compte des mêmes faits! Imaginez un système d'aiguilles, aussi nombreuses d'ailleurs qu'il vous plaira, se mouvant sur un disque de certaines façons plus ou moins bizarres, et donnant lieu en même temps à tels phénomènes que vous voudrez supposer : par exemple, les unes s'allongeront, les autres se raccourciront tout en se déplaçant, etc. Réunissez un millier de mécaniciens, et demandez-leur de trouver l'ingénieux mécanisme qui produit cet ensemble de phénomènes : il y a bien des chances pour que vous ayez mille réponses différentes, et pour qu'aucune ne soit celle qui se trouve réalisée par hypothèse.

Y a-t-il une différence entre cet exemple et celui d'un groupe de phénomènes, auxquels la science rationnelle cherche une explication? Oui, il y en a une, mais elle n'est pas pour restreindre le nombre des solutions acceptables, bien au contraire. D'abord nous supposions, dans notre exemple, qu'un mécanisme déterminé existait, qu'il fallait trouver. Savons-nous si vraiment il existe, toute réalisée dans les choses, une des conceptions explicatives qui sont accessibles à notre pensée? N'est-ce pas essayer de pénétrer l'absolu, et sortir du domaine du connaissable, que de se poser seulement une pareille question? En second lieu, pour former une solution du problème que nous avons indiqué, il ne pouvait être question que d'éléments réalisables, analogues à ceux que nous avons couramment sous les yeux, ressorts, roues dentées, etc. Dans une hypothèse de la science théorique, il est permis de faire entrer des éléments qui s'éloignent démesurément de tout ce qui est connu, et dont la réalisation peut n'avoir aucun sens. C'est ainsi qu'on parle parfois sans sourciller d'un éther impondérable, d'atomes, etc. Dans ces conditions, comment ne pas sentir que l'indétermination du problème, qui pose la recherche d'une hypothèse explicative, s'augmente prodigieusement? — Comment a-t-on pu croire, pour les phénomènes lumineux, par exemple, que l'hésitation n'était possible qu'entre deux théories, celle de l'émission et celle des ondulations de l'éther? Maxwell en a proposé une troisième, celle des mouvements tourbillonnaires. Combien d'autres pourraient encore se présenter à l'imagination des savants!

Stuart Mill a reconnu, lui aussi, qu'on ne peut parler de la vérité d'une hypothèse dès que d'autres peuvent lui être substituées, mais il a entrevu le cas où cette substitution deviendrait impossible, et où, seule, une conception proposée serait capable de rendre compte de certains phénomènes. A quel signe pourtant saura-t-on reconnaître qu'on se trouve dans ce cas? L'exemple le plus caractéristique aux yeux de Stuart Mill semble être celui de l'attraction new-tonienne, qui non seulement rend compte des lois de Kepler — dit-il en substance, — mais réciproque-ment est exigée par elles. Les analyses présentées plus haut permettent de comprendre à quel point cet exemple est peu convaincant. D'une part les lois de Kepler sont non pas des phénomènes simples, mais au contraire des faits complexes n'ayant de significa-tion que par l'intermédiaire d'une série de théories, de définitions, de postulats; et d'autre part le pas-sage de ces lois à celle de Newton se fait, nous l'avons vu, par un choix de définitions qui seules rendent le nouveau langage exactement équivalent à l'ancien. On peut bien dire qu'avec les notions adop-tées la forme de la loi de la gravitation est la seule qui convienne aux lois de Kepler, mais qu'il soit alors bien entendu qu'on ne vise en aucune façon la vérité objective de l'attraction newtonienne, — et l'exemple de Stuart Mill perd toute son importance.

S'il faut renoncer à parler de la vérité d'une hypo-thèse, ne peut-il se faire cependant qu'elle reste défi-nitivement acquise à la science? — Oui, mais dans un sens spécial, et à la condition de devenir un lan-gage commode pour traduire les faits généraux qu'elle expliquait. Autant vaudrait alors, pensera-t-on avec Auguste Comte, qu'on s'en débarrassât comme d'un revêtement inutile. Ce n'est pas cependant tout à fait équivalent. Un ensemble de notions auquel on s'est habitué (comme pour les ondulations de l'éther, par exemple) présente ce précieux avantage d'appor-ter commodément l'unité dans une série d'énoncés distincts. Quant au danger qu'offrirait ce langage de nous faire croire à des réalités chimériques cachées sous les mots, faut-il s'en préoccuper? Qui songe encore, parmi les géomètres, à se priver d'expressions telles que l'action d'une force, l'attraction, la répulsion, etc., sous prétexte qu'il n'entre dans les équations que des symboles dépouillés de toute signification réaliste? Rien n'empêche donc le langage des ondulations, par exemple, d'aider un jour à l'édification définitive de quelque chapitre nouveau de la science rationnelle, dont l'objet serait l'ensemble des phénomènes connus ou à venir se prêtant aisément à ce langage. Le chapitre se fermerait d'ailleurs pour laisser un autre s'ouvrir et se constituer par quelque autre théorie, aussitôt qu'un groupe de faits nouveaux se présenterait, dont l'adaptation à notre langage serait par trop compliquée. Et ainsi de suite, indéfiniment.

Dans cette succession illimitée de théories, n'avons-nous pas à craindre que pour maintenir leur accord avec les faits, il ne suffise pas toujours d'ajouter des conceptions nouvelles, et qu'il ne faille revenir parfois sur un des chapitres que l'on croyait définitivement constitués? Où est l'assurance qu'un seul de ces chapitres puisse rester à l'abri de toute modification essentielle, même un des plus anciens comme la dynamique rationnelle, ou même comme la géométrie? Un exemple en dira sur ce point plus long que tout commentaire. — Lobatchewsky a conçu, on le sait, une géométrie se déroulant à la manière de la géométrie ordinaire, mais ne reposant pas sur les mêmes axiomes fondamentaux. La somme des angles d'un triangle est, dans cette géométrie, inférieure à deux droits, et la différence avec deux droits est d'autant plus sensible que le triangle est plus grand. On s'est demandé si l'on ne pourrait pas mesurer les angles de quelque immense triangle dont les sommets seraient fournis par des points définis astronomiquement : n'allait-on pas savoir enfin, en calculant la somme de ces angles, qui d'Euclide ou de Lobatchewsky a raison? On n'a pas tenté une semblable expérience, et on a bien fait. Eût-elle conduit à un écart appréciable entre deux droits et la somme réelle, la seule conclusion permise eût été qu'il faut changer quelque chose à un ensemble de notions, dont font partie, il est vrai, les axiomes euclidiens, mais où se trouvent aussi une foule de théories, permettant seules de réaliser l'expérience; et on eût tout changé dans ces théories, s'il l'avait fallu, plutôt que de toucher aux axiomes de notre vieille géométrie : en particulier, on eût plutôt renoncé au postulat de la propagation rectiligne de la lumière [1].

Ainsi la science rationnelle, en constituant les chapitres successifs, établit entre eux une sorte de hiérarchie, et les savants, par une convention tacite, conçoivent ces chapitres dans un ordre tel qu'une modification nécessaire doive porter sur l'un d'eux plutôt que sur aucun de ceux qui le précèdent. Si l'on tient compte alors de ce que l'échafaudage de la science théorique, en grandissant, s'élargit aussi démesurément, et de ce que les notions qui forment les éléments des dernières assises sont innombrables et prodigieusement complexes, on se représente comme très probable que toutes les corrections puissent de plus en plus porter sur ces éléments derniers, et que les théories formant les bases les plus anciennes de l'édifice soient à l'abri de toute contradiction. Au premier rang parmi celles-ci se trouve la géométrie. Ne peut-on dire que pour elle la probabilité se change en certitude, et le savant moderne n'a-t-il pas le droit de déclarer, comme autrefois les Grecs (mais non dans le même sens), que les vérités géométriques sont éternelles? — Un pas de plus dans ce retour aux premiers fondements de la

---

1. Cf. Poincaré, *Revue des sciences pures et appliquées*, 15 décembre 1891.

science rationnelle nous amènerait à ce postulat qui nous a servi à donner la définition même de la science théorique, à savoir qu'il y a des relations constantes dans les choses; — et, comme la géométrie elle-même devrait disparaître avant ce postulat, ne pouvons-nous dire qu'il apparaît à son tour comme capable de survivre à la science tout entière?

Cette conception de la science rationnelle montre suffisamment le rôle de l'intervention active de l'esprit. — Celle-ci n'apparaît pas seulement dans les conceptions qui se poursuivent sans cesse, elle se montre jusque dans le coefficient de certitude, pour ainsi parler, dont le savant affecte lui-même les parties successives de sa construction. Il est vrai qu'à voir ainsi les choses, il faut dépouiller la vérité rationnelle de sa signification absolue, elle n'est plus que l'accord harmonieux d'un ensemble de conceptions. Mais où est le mal? D'abord la science théorique se trouve par là rapprochée de certaines autres formes de la pensée, je veux dire de celles dont le caractère esthétique fait le charme. Ensuite et surtout la disparition de cet absolu qui restait encore dans la signification de la vérité rationnelle est au bénéfice même de la science : cela lui rend ses ailes. Qu'on juge par Auguste Comte et par la modestie excessive où il tombe sans cesse à l'égard des ressources de l'intelligence humaine — qui donc a pu parler des promesses exagérées du positivisme? — de ce que peut sur un puissant esprit quelque reste d'attachement à l'absolu. D'ailleurs c'est à Auguste Comte lui-même que nous demanderons un témoignage à l'appui de notre thèse, en citant un mot profond, et qui aurait pu servir d'épigraphe à cette étude. Parlant de ce que nous assimilons couramment des arcs de trajectoire planétaire à des arcs de cercle ou même à des portions de droites, tout en sachant que cela ne répond pas à la vérité, il dit : « Nos ressources à cet égard sont bien plus étendues [que celles des Anciens], précisément parce que *nous ne nous faisons aucune illusion sur la réalité de nos hypothèses,* ce qui nous permet d'employer sans scrupule, en chaque cas, celle que nous jugeons la plus avantageuse. » S'il eût médité ces quelques mots, Auguste Comte n'aurait plus eu peur des chimères pour la science rationnelle.

III

A PROPOS DE LA GÉOMÉTRIE GRECQUE :
UNE CONDITION DU PROGRÈS SCIENTIFIQUE

La Géométrie, telle qu'elle est exposée dans Euclide, est une science désintéressée. La forme de la rédaction autant que la matière du livre donnent vite au lecteur l'impression très vive de ce désintéressement.

D'une part c'est la longueur même de la rédaction, l'insistance minutieuse à appuyer sur tous les détails d'une démonstration, la patience avec laquelle le Géomètre s'attarde à fermer toutes les issues à un contradicteur supposé, le *souci exclusif de clarté et de rigueur*, — qui montrent à quel point la préoccupation du savant n'est pas d'aboutir à quelque application pratique.

D'autre part, l'ordre, la symétrie de toutes les parties d'un problème ou d'un théorème semblent suivre des règles fixes, comme s'il s'agissait des parties successives d'un poème.

La πρότασις énonce d'abord d'une manière générale le théorème à démontrer ou le problème à résoudre. Par exemple : « Sur une droite donnée et finie, construire un triangle équilatéral ». — Puis vient régulièrement l'ἔκθεσις qui pose les données avec figure et notation particulières : « Soit AB une droite donnée et finie ». Le προσδιορισμός vient rappeler aussitôt avec précision quel est le problème à résoudre sur ces données : « Il faut construire sur la droite donnée AB un triangle équilatéral ». Et enfin la κατασκευή indique la série des constructions auxiliaires : « Du centre A avec AB pour rayon, décrivons la circonférence ΒΓΔ; du centre B avec BA pour rayon, décrivons la circonférence ΑΓΕ; et du point Γ, où les circonférences se coupent mutuellement, conduisons aux points A, B, les droites ΓA, ΓB. » La démonstration ou ἀπόδειξις peut alors se dérouler sans interruption sur une figure, dont toutes les lignes sont tracées. Quand elle est terminée, la conclusion, ou συμπέρασμα, énonce triomphalement que le problème, indiqué d'abord d'une façon générale, puis déterminé avec précision sur les données d'une figure, se trouve résolu; et cet énoncé se fait en reprenant exactement et patiemment les termes de la πρότασις, avec, en plus, les notations posées par l'ἔκθεσις. « C'est donc un triangle équilatéral que ABΓ, et il est construit sur la droite donnée et finie AB. » — Les derniers mots sont invariablement : ὅπερ ἔδει ποιῆσαι, — à moins qu'il n'ait été question d'un théorème à établir, auquel cas ποιῆσαι est remplacé par δεῖξαι.

C'est ainsi que le livre contient comme une série de couplets, formant chacun quelque chose d'ordonné, de rythmé, pour ainsi dire, se déroulant suivant certaines règles de composition, et se terminant par une sorte de refrain. Il est bien évident que ce n'est pas l'allure d'un traité qui vise les applications usuelles, et que la spéculation pure et désintéressée s'accorde seule avec ces harmonieuses lenteurs où se complaît le géomètre grec.

Cette impression est confirmée au delà de toute exigence si l'on considère la matière même des « Éléments ». Vous chercheriez en vain dans Euclide un seul énoncé donnant la règle d'évaluation d'un volume ou d'une surface. Ce simple trait montre

tout de suite à quels points les « Éléments » s'éloignent non pas seulement d'un recueil de règles
pratiques, mais même de ce que nous appelons
aujourd'hui nous-mêmes un traité de géométrie
théorique. Car, bien que nos livres ressemblent
encore beaucoup à celui d'Euclide, tant par la forme
que par la matière, il n'en est pas un seul qui se crût
complet, s'il s'abstenait de donner des règles à
suivre pour mesurer la surface d'un triangle, d'un
parallélogramme, d'un cercle, le volume d'un prisme,
d'une pyramide, d'une sphère, etc.

La considération des surfaces et des volumes n'intervient donc pas dans les « Éléments »? Oui sans
doute elle intervient et prend même une place assez
importante dans les spéculations du géomètre, mais
elle reste purement théorique, et c'est une distinction qu'il est aisé de comprendre. On peut démontrer
que deux *parallélogrammes ou deux triangles de
même base et de même hauteur sont équivalents,* —
qu'un triangle est la moitié d'un parallélogramme de
même base et de même hauteur, — sans en venir à
l'évaluation numérique de l'aire du triangle ou du
parallélogramme. On peut démontrer les théorèmes
essentiels relatifs à la pyramide, sans se croire obligé
de donner la règle d'évaluation numérique du volume
de ce solide et ainsi de suite.

Au fond, la formule qui manque chez Euclide est
une conséquence presque évidente des considérations théoriques qui, elles, sont complètes, et il ne
saurait entrer dans la pensée de personne que le
géomètre ne sût pas l'en déduire. A coup sûr, mis
en présence d'un champ triangulaire à mesurer, ou
d'un récipient prismatique à jauger, il eût procédé
comme nous. Mais c'est une marque absolument
significative de sa conception de la Géométrie théorique que de ne pas vouloir dans un même livre
énoncer les formules utilisables et les propositions

de la science purement spéculative. Les unes et les autres ne lui semblaient pas relever du même ordre d'idées ; et, de fait, pour les Grecs, la Géométrie et la Géodésie s'opposaient dans leur objet, comme la Logistique, science des calculs pratiques, et l'Arithmétique ou science des nombres proprement dite.

C'est peut-être, va-t-on dire, aller chercher trop loin l'explication d'un fait très simple. Les formules d'évaluation numérique pour les surfaces et les volumes exigent l'emploi courant de la notion de mesure. Or les Grecs connaissaient fort bien le cas de l'incommensurabilité de deux grandeurs : ils n'ont pas songé à introduire dans un énoncé quelconque la valeur numérique d'un rapport qui a bien des chances de ne pas exister. — Nous ne pensons pas qu'à cet égard les Grecs fussent aussi loin de nous qu'on pourrait croire. D'une part, si nous consentons plus volontiers à parler de nombre incommensurable, de mesure d'une quantité incommensurable, c'est avec le sentiment bien net que, dès la moindre application, ce nombre figurerait en réalité par une valeur approchée. Et, d'autre part, — à rester en dehors de toute évaluation effective, — les Grecs ne répugnaient nullement à l'idée d'un rapport incommensurable. Leur façon de définir la raison de deux quantités homogènes, d'une façon générale, abstraction faite de la question de savoir si les quantités sont ou non commensurables [1], leur façon de traiter ensuite les égalités de raisons, ou proportions, montrent qu'ils n'étaient pas plus effrayés que nous par la notion du rapport de grandeurs incommensurables. — « Apollonius, dit Marie dans son *Histoire des Mathématiques*, eût certainement regardé comme fou l'homme qui serait venu lui proposer d'introduire la longueur

---

1. « Λόγος ἐστὶ δύο μεγεθῶν ὁμογενῶν ἡ κατὰ πηλικότητα πρὸς ἄλληλα ποιὰ σχέσις. » (L. V.)

du pied d'Agamemnon, par exemple, dans la démonstration de ses théorèmes sur les coniques. » Certes
cela est très vrai, mais un géomètre d'aujourd'hui ne
penserait pas autrement à cet égard qu'Apollonius.
Ne cherche-t-il pas comme lui des relations géométriques nécessairement indépendantes du choix de
toute unité? Si Euclide ou Apollonius s'abstiennent
plus rigoureusement que nous de toutes considérations de mesure numérique, c'est bien en partie
parce qu'ils sentent l'inutilité de ces considérations
pour la science pure, en partie parce que les mesures
numériques ne pourraient être ordinairement qu'approchées, et suffisantes tout au plus pour quelque
usage pratique. Mais alors, au fond, il faut bien voir
où est la distinction essentielle aux yeux des Grecs,
entre ce que contiennent leurs livres de géométrie et
ces sortes de formules qu'ils en ont systématiquement
écartées. Elle rentre dans la distinction plus profonde
qui fait mettre d'un côté ce qui est la science pure,
la science générale, indépendante de toute condition
particulière, et en même temps exacte, parfaite, ne
maniant que des éléments rigoureusement déterminés, bref ce qui est la science proprement dite,
spéculative et désintéressée, — et d'autre part ce qui
ne vise que l'application. Les idées des Grecs sur l'incommensurabilité mettaient en évidence un élément
d'imperfection, d'inexactitude, dans toute opération
de mesure, mais c'était loin d'être le seul. Auraient-
ils pu parler de figures absolument exactes, de
cercles parfaits, de carrés rigoureux, et même de
droites véritablement droites, à propos des choses
matérielles au milieu desquelles nous vivons et qui
tombent sous les sens? De là cette séparation si nettement tranchée entre tout ce qui répond de près ou
de loin aux préoccupations pratiques, et ce qui
s'élève au-dessus d'elles et ne concerne que la
Science purement désintéressée.

Ce n'est pas que chacune des vérités successives énoncées par Euclide ait en elle-même son intérêt tout entier. Il y a dans l'œuvre un enchaînement qui permet d'attribuer à tel théorème, ou à telle série de propositions, ce rôle utilitaire en un sens qui consiste à préparer telle démonstration capitale. Ainsi le premier livre tout entier marche manifestement vers la démonstration de la grande propriété caractéristique du triangle rectangle, qui clôt ce livre. Ce théorème lui-même n'a pas été démontré en vain ; il servira notamment à justifier une série de relations quantitatives fondamentales exposées au second livre, et ainsi de suite. L'œuvre entière converge merveilleusement vers le problème capital qui en est comme le couronnement, à savoir la construction des cinq polyèdres réguliers. S'il est donc permis de parler en certains sens de l'utilité de tel ou tel détail, c'est de la même façon qu'à propos d'une œuvre d'art, pour exprimer le merveilleux enchaînement de toutes les parties. Le terme suprême où aboutit l'auteur des « Éléments », la construction des polyèdres réguliers, est en lui-même le plus opposé qu'il est possible à toute considération pratique.

*
* *

Cette Géométrie dont Euclide nous donne déjà un modèle aussi parfait n'a pas été confectionnée par lui brusquement. Nous savons qu'elle est l'œuvre des siècles qui l'ont précédé. Avec quelle étonnante rapidité les progrès s'étaient réalisés, avec quelle ardeur les Grecs avaient cultivé cette Géométrie, comme ils avaient su non seulement en reculer très loin les bornes, mais aussi la douer d'une force d'expansion et d'une fécondité telle que les travaux d'Archimède et d'Apollonius vont en être comme la suite naturelle et que les savants vont bientôt trouver en elle un instrument merveilleusement adapté aux applications astronomiques,... j'y ai trop souvent insisté pour y revenir. Ce qui me frappe maintenant, et sur quoi je voudrais attirer l'attention, c'est le rapprochement de ces deux faits : d'une part le développement colossal qu'a reçu la mathématique pendant un temps relativement court, la force d'expansion indéfinie dont elle paraît douée, sa fécondité, même au point de vue des applications, et, d'autre part, le caractère de science désintéressée et purement spéculative qu'elle a manifesté. Il est impossible, aussitôt que la pensée fait ce rapprochement, de ne pas songer qu'il y a là plus qu'une coïncidence curieuse, et que le désintéressement, l'éloignement de toute préoccupation pratique, chez le géomètre grec, a pu être une des causes profondes des progrès de sa science, et du même coup, de sa fécondité future à l'égard des applications elles-mêmes. Du moins si cette vue semble tout d'abord audacieuse, nous pouvons la soumettre à une épreuve intéressante. Les progrès qui semblaient devoir être à jamais continus, se sont ralentis, puis même complètement arrêtés. Une longue éclipse a suivi. Passons brièvement en revue les explications que peut suggérer une pareille extinction, après un si vif éclat : peut-être se dégagera-t-il de cet examen que le ralentissement du progrès scientifique a suivi de près la disparition d'un élément, — décidément vital — je veux dire du désintéressement avec lequel la science était cultivée.

Faut-il d'abord s'arrêter à cette tradition des anciens philosophes et de la plupart des religions, qui d'une façon ou d'une autre place l'âge d'or dans le passé, et déclare l'humanité condamnée désormais à suivre des chemins difficiles, à voir toutes ses œuvres nécessairement précaires, incomplètes et jamais définitives? Pour Platon c'étaient les hommes

5.

d'autrefois qui étaient près des Dieux. Aristote disait que les arts et les sciences ont été souvent trouvés et souvent perdus. La loi du progrès continu n'est pas, ou n'est plus le fait de l'humanité. — Si intéressantes que puissent être de semblables théories, on ne saurait y avoir recours qu'en se déclarant incapable de trouver une explication naturelle : cela équivaudrait à un abandon de la question.

Admettra-t-on que l'échafaudage scientifique construit par les anciens a manqué de solidité, faute chez eux d'une organisation suffisante? Les efforts des savants étaient isolés; les moyens de les grouper, de les associer, de les amener à produire quelque œuvre durable, faisaient défaut. Les anciens n'avaient pas, comme nous aujourd'hui, « ces livres imprimés, mémoires, monographies, œuvres complètes, recueils périodiques, où, sous diverses formes, la science est inscrite et déposée, à mesure qu'elle se fait [1] ». Ils ne connaissaient pas comme nous les Académies, les Instituts, les Universités. — Cela est trop clair; mais d'abord il ne faut rien exagérer : les livres, les bibliothèques abondaient autrefois; les foyers de la science ne manquaient pas non plus. Sans parler de l'École d'Alexandrie, ne se groupait-on pas autour d'un Platon, d'un Aristote, d'un Pythagore, où d'un Théodore de Cyrène, et ne formait-on pas alors des sociétés comparables jusqu'à un certain point à nos sociétés savantes d'aujourd'hui? — Ensuite, à quelle époque l'éparpillement des efforts industriels dut-il être le plus considérable? N'est-il pas évident que du VIIᵉ au IVᵉ siècle, quand, par exemple, Thalès en Asie Mineure, Pythagore en Italie, Démocrite sur les côtes de Thrace, Hippocrate à Chios, contribuaient chacun pour sa part à grossir l'œuvre mathématique des Grecs, — n'est-il pas évident, dis-je, qu'on ne

---

1. Egger, *Science ancienne et science moderne*, p. 3.

saurait parler de rien qui ressemblât à une organisation d'ensemble? Et pourtant nous savons bien aujourd'hui que c'est dans cette première période, de Pythagore à Platon, que s'est constitué tout le gros de l'œuvre. L'apogée de la grande époque de la science grecque sera marqué par les ouvrages d'Archimède et d'Apollonius, mais ils ne feront que compléter et couronner par leurs immortels travaux l'édifice que les siècles précédents avaient construit. Comment songer alors à expliquer la décadence de la science grecque par le défaut d'organisation? Ce défaut fut réel, mais tout d'abord, quand il fut le plus manifeste, la pensée grecque n'y trouva qu'un obstacle facile à vaincre : plus tard, quand l'École d'Alexandrie réalisa ce groupement qui semble la condition indispensable du progrès, la science ne brilla plus longtemps d'un vif éclat.

Une explication autrement séduisante a été proposée. Les Grecs ne pouvaient produire qu'une ébauche imparfaite de science, parce qu'ils n'étaient pas capables de créer la méthode expérimentale, et cette incapacité tenait à la façon même dont ils envisageaient la science. Leur esprit rationaliste à outrance n'eût pas accepté des faits qu'il n'aurait pu comprendre, ce qui est cependant indispensable à qui veut sincèrement appliquer la méthode expérimentale à la recherche patiente des lois de l'Univers. Leur science théorique serait ainsi restée comme suspendue en l'air, trop loin du contact des faits et des choses du monde sensible, et n'aurait pas reçu cette réaction bienfaisante, cette excitation qu'elle reçoit aujourd'hui de la science expérimentale. Celle-ci ne pouvait pas naître sérieusement, celle-là devait donc peu à peu s'épuiser et s'éteindre : la science grecque dans son ensemble était ainsi destinée à une mort certaine. Il ne fallait rien moins qu'une transformation de l'esprit humain, sous l'influence du fidéisme

religieux du moyen âge [1], pour amener le savant à
accepter de ne pas tout comprendre, et lui rendre
ainsi possible la création de la méthode expérimentale
avec toute sa rigueur. — On peut répondre :

1° Les Grecs ont *observé*, cela est incontestable.
C'est par un ensemble considérable d'observations
qu'ils ont tenté de créer les sciences médicales, les
sciences naturelles, les sciences biologiques. L'observation intervenait si bien à des degrés divers, chez
les générations de médecins qui se sont succédé
d'Hippocrate à Aristote, que la tradition nous montre,
dans l'École, les esprits divisés, suivant deux tendances contraires, en dogmatiques (lisez rationalistes)
et empiristes. — Citerons-nous l'exemple d'Aristote,
ses collections légendaires auxquelles tant d'autres
ont collaboré, l'énormité des faits et des choses qu'il
a classés?

Les observations d'ailleurs prenaient bien vite le
caractère d'expériences, et quand Aristote, par
exemple, allait étudier les petits poulets dans l'œuf,
n'était-ce pas là déjà de la bonne expérimentation?
La tradition s'est continuée chez les médecins, et
plus tard l'un d'eux, Ménodote, ne s'essayait-il pas à
formuler les principales règles de la méthode induc-
tive [2]? — Si de même nous considérons les Astronomes qui depuis des temps immémoriaux se ser-
vaient d'instruments de plus en plus parfaits pour
suivre la marche des astres avec quelque précision,
comment nier le caractère scientifique de leurs observations? et comment n'être pas tenté de prononcer
le mot d'expérience, dans toute sa rigueur, quand
on songe à l'ensemble de précautions que prend le
savant, réglant par avance l'orientation et l'équilibre
de ses appareils, pour contrôler, par l'observation

1. Egger, *op. cit.*
2. Cf. V. Brochard, *Les sceptiques grecs.*

d'un astre, l'exactitude d'une théorie? Non seulement
Hipparque et Ptolémée ont employé tout naturellement la méthode expérimentale, mais ils l'ont fait
dans l'ordre d'idées le plus propre, par son lien
étroit avec les mathématiques pures, à réagir à son
tour efficacement sur leurs progrès. Et ce n'est pas
d'ailleurs ce qui semble s'être produit. Ces deux
hommes ont été de grands astronomes, mais ils
paraissent n'avoir utilisé que des notions mathématiques antérieures [1], et la mathématique pure, après
leurs travaux d'application, n'a montré aucun regain
d'éclat.

2° D'une façon générale on ne niera pas que les
Grecs ont observé, mais on tiendra à maintenir la
distance qui sépare l'observation, si savante qu'elle
soit, de l'expérimentation telle que nous l'entendons
aujourd'hui. Mais laquelle de ces deux opérations se
trouve donc la plus éloignée, par sa nature, des
éléments logiques, rationalistes, qui semblent do-
miner l'intelligence des Grecs et lui donner sa tournure spéciale? N'est-ce pas évidemment l'observation, et même l'observation dans ce qu'elle a de plus
simple, de plus primitif, de moins préparé, de moins
attendu? Dès qu'elle est moins spontanée, qu'elle
est tant soit peu provoquée, — à plus forte raison
quand l'observation se revêt des règles de la méthode
expérimentale la plus parfaite, n'est-elle pas insépa-
rable de quelque idée *a priori*, de quelque théorie?
C'est là un point sur lequel il est devenu banal
d'insister depuis « l'Introduction à la médecine expérimentale ». Il n'apparaît donc pas que l'incompatibi-
lité doive se trouver aussi forte qu'on le dit entre les
caractères essentiels de la méthode expérimentale et

---

1. Y compris la théorie des épicycles qui remonte au moins
à Apollonius. — Cf. P. Tannery, *Recherches sur l'astronomie
ancienne*.

l'orientation naturelle de la pensée hellène. A la rigueur, à propos de l'observation des faits imprévus, des phénomènes sans suite, sans raison, au moins provisoirement, nous comprendrions qu'on se posât la question de savoir si les Grecs étaient capables de les noter scrupuleusement, avec toute l'attention que doit le savant à tout phénomène constaté, quel qu'il soit. Mais ici justement, nous l'avons dit, aucun doute n'est possible : l'exemple d'un Aristote ne permet pas de dire que les Grecs n'aient pas su recueillir toutes les observations qui s'offraient à eux.

On dira peut-être qu'il faut distinguer entre l'idée toute relative, toute provisoire, tout imprégnée du doute scientifique qu'un Claude Bernard réclame comme règle directrice de l'expérience, et les systèmes théoriques absolus, où l'esprit grec risquait de laisser se perdre toute sa liberté d'appréciation. On dira qu'il faut distinguer entre le caractère provisoire et seulement approché des théories qu'élaborent nos savants et l'idée de la science achevée et rigoureusement parfaite que se faisaient les Grecs. Cela est juste, et nous n'hésitons pas à reconnaître que c'est la conception relativiste qui s'adapte le mieux au développement et au progrès de la méthode expérimentale. Mais d'abord on pourra remarquer que les efforts des sceptiques grecs ont certainement contribué à préparer cette conception relativiste [1], — plus à nos yeux que n'était capable de le faire le fidéisme religieux du moyen âge. — Ensuite, et surtout, n'est-il pas évident que, si précieux que soit ce relativisme pour la formation de la méthode expérimentale, il ne lui était pas indispensable ? Est-il vraiment nécessaire, pour que le physicien se livre à des expériences d'optique, que l'éther n'ait pas pour lui une existence assurée ? Etait-il nécessaire, pour que Newton déterminât

1. Cf. Brochard, *op. cit.*

l'énoncé de sa loi, qu'il fût pénétré du caractère tout relativiste de cet énoncé? Fallait-il, pour que Mariotte donnât sa formule, qu'il sentît à quel point elle allait être provisoire? On serait presque tenté de répondre que l'erreur à cet égard ne pouvait être qu'un excitant plus impérieux. — Mais, objectera-t-on, c'est l'esprit critique qui fera défaut là où se trouvera le dogmatisme : les lois et les formules s'énonceront sans doute avec empressement, mais seront-elles discutées? — Que l'on veuille bien examiner de près s'il a vraiment manqué quelque chose à un Ptolémée, augmentant le nombre des épicycles nécessaires pour rendre compte du mouvement des planètes; ou à un Eudoxe, ajoutant, pour expliquer le mouvement de la lune, par exemple, une sphère ou deux à la liste de celles qui jusqu'à lui semblaient suffisantes; ou à l'astronome inconnu qui le premier renonça au système des sphères concentriques s'emboîtant les unes dans les autres et tournant autour d'axes divers, pour créer la théorie des épicycles. N'y a-t-il pas dans les corrections, modifications, transformations radicales parfois que la théorie a dû subir ainsi dans certains domaines, la preuve manifeste que les anciens étaient capables de conceptions variables s'accommodant de mieux en mieux à l'explication des faits observés? Là où nous voyons des idées et des symboles de plus en plus approchés, ils voyaient peut-être la vérité se substituant à l'erreur : les résultats étaient-ils bien différents?

3° Enfin, la science pure, cette mathématique que les Grecs avaient créée avec tant d'éclat, ne pouvait-elle, après les premiers beaux jours de l'école d'Alexandrie, se prêter encore à de nombreux progrès? En quoi la méthode expérimentale était-elle nécessaire pour qu'un algorithme commode se dégageât de la géométrie grecque, comme cela devait peu à peu se produire plus tard? En quoi a-t-elle été nécessaire pour que les travaux de Viète, de Descartes et des géomètres du xvııe siècle vinssent enfin renouer l'antique tradition et donner une suite naturelle, quoique longtemps attendue, à l'œuvre des Pythagore, des Euclide, des Apollonius, des Archimède? Est-ce en songeant au défaut de méthode expérimentale chez les anciens, ou à la tournure d'esprit trop logique des Grecs, qu'on peut expliquer ce long intervalle de dix-huit siècles qui sépare, par exemple, la représentation des coniques par leurs équations chez Apollonius, et la géométrie analytique de Descartes?

Il faut donc absolument chercher ailleurs la réponse au problème que nous avons posé.

Il reste les grands événements historiques qui sont venus bouleverser la Grèce et transformer plus ou moins le monde occidental : la conquête macédonienne, la domination romaine, l'avènement du christianisme. Mais notre problème est loin d'être résolu par une semblable énumération. On n'a rien expliqué, si l'on n'a pas dit pourquoi de pareils événements ont pu aider chacun à l'extinction de la science grecque. D'autant qu'à certains égards ils auraient pu, semble-t-il, contribuer à la sauvegarder.

La conquête macédonienne mettait d'un coup les Grecs en communication immédiate avec cet Orient mystérieux qu'ils avaient appris imparfaitement à connaître, et dont les vieilles civilisations pouvaient n'avoir pas encore transmis à la Grèce tous les trésors qu'elles avaient accumulés. Et la science n'aurait-elle pu trouver désormais dans la capitale de l'Égypte un foyer merveilleusement propice à son développement?

La domination romaine venait enfin mettre un terme aux dissensions politiques, et faire bénéficier la Grèce d'une paix qu'elle ne connaissait plus depuis longtemps.

Le Christianisme de son côté n'apportait-il pas la paix morale, la paix de l'âme? et quand, après une période si troublée au point de vue des doctrines morales et religieuses, la pensée pouvait enfin se reposer de chercher la solution des grands problèmes qui la tourmentaient, le moment n'eût-il pas semblé bien choisi pour les recherches scientifiques?

Si donc ces grands événements ont au contraire aidé au ralentissement et à l'extinction de la science grecque, c'est par un côté qui leur est commun, et qu'il est facile de saisir : ils ont tous concouru à éloigner la pensée hellène de la spéculation purement désintéressée.

Les Orientaux et les Égyptiens étaient d'une très grande activité, mais d'une activité que guidaient des préoccupations pratiques. Nous avons sur ce point des témoignages qui, pour dater d'époques fort différentes, n'en sont pas moins concordants. Platon, qui avait voyagé en Égypte, refusait aux habitants de ce pays le droit de s'appeler φιλομάθεις, et les déclarait propres seulement aux métiers lucratifs. Quelques siècles plus tard, l'empereur Hadrien, de passage à Alexandrie, écrivait : « Ville opulente, riche, productrice, où personne ne vit oisif! Les uns soufflent le verre, les autres fabriquent le papier, d'autres sont teinturiers. Tous professent quelque métier et l'exercent. Les goutteux trouvent de quoi faire; les myopes ont à s'employer; les aveugles ne sont pas sans occupation; les manchots même ne restent point oisifs. Leur dieu unique, c'est l'argent. Voilà la divinité que chrétiens, juifs, gens de toute sorte adorent[1]. »

De leur côté, les Romains sont aussi naturellement éloignés de toute spéculation purement théo-

----

1. Lettre à Servien, citée par Renan, *L'Église chrétienne*, p. 189.

rique, qu'ils sont peu idéalistes. Leur tournure d'esprit est éminemment positive, et, à cet égard, si, comme on l'a dit tant de fois, ils subirent l'influence du peuple qu'ils avaient vaincu, comment nier qu'ils durent aussi imprimer leur marque sur la pensée grecque?

Enfin l'esprit même de la doctrine chrétienne n'était-il pas, lui aussi, contraire à la spéculation désintéressée, en fixant désormais les regards vers un idéal moral, d'après lequel les ignorants, les pauvres d'esprit devaient être parmi les élus du Seigneur, et en détournant les hommes de tout ce qui n'était pas véritablement utile au salut?

Envisagées de ce point de vue, ces influences diverses, que l'on incrimine parfois séparément, ont au moins l'avantage de concorder clairement dans leurs effets, et en outre même de venir confirmer seulement une tendance qu'elles n'ont peut-être pas créée. Qu'on songe en effet à la transformation qui, dès le IIIᵉ siècle, se fait sentir dans la philosophie grecque[1]. Les historiens ont essayé d'expliquer comment tout à coup la pensée réfléchie changea d'orientation après Platon et Aristote, et comment de la contemplation des vérités éternelles, les écoles passèrent désormais à l'étude de cet autre problème, visant directement la conduite pratique de la vie, la recherche du souverain bien. Le fait essentiel pour nous est cette transformation elle-même. Peut-être songerait-on d'abord à en reculer la date jusqu'à Socrate, le véritable fondateur de la science morale chez les Grecs, et objecterait-on que la marche de la pensée scientifique ne semble pourtant pas s'être ralentie si tôt. Mais il faut faire une distinction : Socrate est un théoricien de la morale. En cherchant

1. Cf. l'introduction à la *Géométrie grecque* de M. P. Tannery (Gauthier-Villars, 1887).

pour elle les bases d'une science, au sens propre du mot, il devait tout naturellement profiter à l'idée même et aux conditions de la science en soi, et cela est si vrai que, entre les mains de Platon et d'Aristote [1], l'essentiel de la méthode socratique se retrouve au bénéfice, non pas de la morale elle-même, mais de la théorie de la connaissance en général. Après eux, ce n'est plus une théorie spéculative que l'on veut élaborer, à propos du problème moral : on se demande quelles sont les conditions pratiques où se réalisera le souverain bien. Que par là la philosophie grecque et plus tard la philosophie gréco-romaine ait pris une attitude peu compatible avec la spéculation vraiment désintéressée; qu'elle ait exercé chez les penseurs un rôle nettement anti-scientifique, c'est ce que je n'ai pas besoin de montrer après les belles études de M. Havet. Je renvoie aux *Origines du Christianisme* (t. I et II) ceux qui conserveraient quelque doute à cet égard, ou quelque illusion sur le caractère véritablement scientifique d'un Lucrèce ou d'un Sénèque, par exemple.

Nous en avons dit assez pour pouvoir conclure que si la science antique est morte, c'est que la pensée désintéressée est morte elle-même. Il est d'ailleurs une manifestation de l'activité intellectuelle dont l'éclat variable peut servir de mesure, de l'aveu de tous, au degré d'application désintéressée dont semble capable l'esprit humain : c'est l'art sous toutes ses formes. Or l'art antique est mort aussi. On sait suffisamment à quelle date il renaîtra avec la plus vivante intensité : n'est-ce pas à ce moment aussi que renaîtra la science?

Bref, n'avons-nous pas décidément le droit de formuler cette loi : que la science progresse en raison du désintéressement avec lequel elle est cultivée?

---

1. Cf. Boutroux, *Socrate, fondateur de la science morale.*

*
* *

Voilà bien du mal, dira-t-on peut-être, pour démontrer ce qui n'est qu'une banale et trop évidente
vérité! Les hommes cultivent la science quand ils
sont capables de l'aimer, et quand aucune préoccupation pratique ne vient les en détourner. — Mais
qu'on n'oublie pas que la science est à deux faces. Si
d'une part elle est, par essence, théorique et spéculative, de l'autre elle vise à l'application. De nos jours,
MM. Hermite, Darboux, Poincaré sont des savants,
mais MM. Eiffel ou Édison en sont aussi. Parlez à
quelqu'un de la science du XIXᵉ siècle et de ses progrès : il pourra peut-être, suivant l'éducation qu'il
aura reçue, songer à la théorie générale des fonctions, ou à celle des surfaces, mais n'y a-t-il pas
beaucoup à parier qu'il songera plutôt aux chemins
de fer, aux téléphones, à la science des ingénieurs?
La spéculation et l'application sont inséparables, et
les Grecs n'avaient pas fait exception à cet égard : la
mathématique naissante ne s'appliquait-elle pas de
bonne heure à l'étude des sons, au mouvement
des astres, aux phénomènes optiques? — Mais alors
si la science, par un de ses côtés, est en contact
direct avec les choses du monde sensible, si par là
elle se pose naturellement pour but la satisfaction
des besoins matériels, l'amélioration des conditions
physiques où se déroule notre existence, est-il évident que ses progrès doivent être en raison du désintéressement où l'humanité sera capable de se tenir à
l'égard de toute préoccupation pratique? Notre loi ne
prend-elle même pas la tournure d'un paradoxe, et
ne pourrait-on essayer de dire avec plus de vraisem-
blance qu'au contraire la science atteindra de mieux
en mieux ses fins, si les savants portent de plus en
plus leur attention sur les problèmes pratiques, s'ils

ne consentent même à cultiver la théorie qu'en
n'oubliant jamais les rapports étroits qu'elle doit
garder avec les applications futures? Ainsi la loi que
nous avons formulée est loin d'être une évidente
naïveté : elle revient à dire que les progrès de la
science appliquée elle-même sont d'autant plus mar-
qués que l'homme a été plus capable de spéculation
pure; elle subordonne la pratique à la théorie, et à
une théorie le plus complètement détachée de tout
souci utilitaire; elle semble dire que l'intelligence
humaine doit s'abandonner librement à ce qui lui
plaît, à ce qui la séduit, et que c'est là même la condition nécessaire pour que les découvertes utiles se
produisent, comme résultat naturel d'efforts désinté-
ressés.

Avant d'examiner de plus près l'intérêt philosophique que peut présenter cette loi au point de vue
du problème de la connaissance, nous ne saurions
éviter de répondre à une question qui se pose d'elle-
même. L'état actuel de la science, la nature de ses
progrès, de sa méthode expérimentale, la poursuite
constante des grandes découvertes ou de leurs perfectionnements n'opposent-ils pas un démenti à la loi
que nous avons cru pouvoir énoncer? Ou bien, si, en
dépit des apparences, cette loi conserve encore toute
sa validité, les tendances pratiques et utilitaires de
la science, en cette fin de siècle, n'ont-elles pas de
quoi nous inspirer les plus vives craintes pour un
temps plus ou moins éloigné? Car les succès étonnants du présent ne sauraient être une garantie suffisante pour l'avenir [1].

Rassurons-nous. D'une part jamais il n'avait été
donné d'assister à une éclosion de travaux théoriques
aussi abondante qu'aujourd'hui. Ouvrez les journaux

---

1. Cf. Renouvier, *Le progrès dans les sciences, crit. philos.*
1, 1875.

spéciaux, les revues scientifiques, les bulletins de
sociétés savantes, les comptes rendus des Académies,
jetez les yeux sur ces publications dont le nombre
est devenu fantastique : vous constaterez aisément
que, pour une application pratique, pour une découverte annoncée, c'est par centaines que vous pouvez
compter les études de théorie pure dans tous les
ordres d'idées. En mathématiques, par exemple, et
en mathématiques pures, dans le domaine propre de
la spéculation scientifique, dans le domaine en tout
cas le plus éloigné de tout souci matériel, les savants
nous donnent le spectacle d'une activité prodigieuse.

D'autre part, quand on cite les merveilles de la
méthode expérimentale moderne, se rend-on un
compte exact de son véritable caractère? Si, laissant
de côté les sciences à peine sorties de l'empirisme,
nous allons tout droit au laboratoire du physicien, là
où cette méthode expérimentale se trouve, de l'aveu
de tous, dans les conditions les plus conformes à ses
exigences, nous n'aurons pas de peine à découvrir
dans son fonctionnement autre chose qu'un enregis-
trement pur et simple de faits provoqués et observés.
Et ce n'est pas seulement l'idée directrice de Claude
Bernard, dont nous voulons parler, cette idée qui
n'est qu'une sorte de divination anticipée, une hypothèse servant de fil conducteur, mais ne s'élevant
au-dessus des faits sensibles, tels qu'ils sont perçus
par nous, que pour tâcher d'y saisir quelque coordi-
nation, quelque enchaînement ; cette idée, qui à son
tour réagit il est vrai sur la suite des expériences, y
trouvait déjà cependant l'origine, l'occasion de sa
formation, et elle ne la dépasse en somme que de la
puissance d'ingéniosité et d'imagination de l'expéri-
mentateur. L'intelligence du savant intervient bien
autrement encore. Elle apporte, dans l'interprétation
des faits, une provision de théories, de constructions
tout élaborées, un ensemble de signes, de conven-

tions, un langage complet, à travers lequel le moindre détail d'une expérience ou d'électricité, par exemple, prend toute sa signification. Entrez sans préparation dans le laboratoire d'un physicien, et assistez à quelque expérience importante. Entre ce que vous verrez, ce que vous observerez, et ce que notera le savant, ce qu'il dira lui-même pour rendre compte de l'expérience, il y a une distance énorme qui ne pourrait être franchie que par une longue initiation théorique[1]. La méthode expérimentale, là où elle atteint vraiment sa perfection et produit des merveilles, est profondément imprégnée de vues spéculatives; et ce peut être précisément le moyen de juger le degré d'avancement d'une science d'observation, que d'apprécier la quantité de théorie pure qui s'introduit dans l'interprétation générale des expériences.

Enfin, après les considérations historiques que nous avons présentées plus haut, on comprendra que nous nous demandions s'il n'y a pas dans les préoccupations sociales du temps présent la marque d'une orientation nouvelle, dangereuse pour la spéculation purement désintéressée.

Sans contester que bien des penseurs ne prennent goût aux questions sociales qu'en songeant à une réalisation effective de leurs conceptions, il est permis de noter, comme symptôme rassurant — (j'entends du point de vue où nous nous plaçons), — les tendances théoriques de la plupart de ceux qu'attirent ces études. On parle assez couramment de nos jours du socialisme scientifique, et même on commence à connaître en France la doctrine venue d'Allemagne, qui porte ce nom. Elle inspire jusqu'à nos hommes

1. Cf. Duhem, *Quelques réflexions au sujet de la physique expérimentale (Revue des questions scientifiques)*, juillet 1894, — et notre étude *La science rationnelle*.

politiques, qui, pour la propager ou la combattre, pénètrent forcément sur le terrain de la théorie. — A plus forte raison les philosophes qui s'efforcent de constituer une science des faits sociaux restent-ils naturellement dans un ordre d'idées qui n'a rien d'incompatible avec la spéculation scientifique, sous sa forme générale et abstraite. Bien au contraire, serions-nous tentés de dire. Aug. Comte voyait dans l'avènement de la sociologie, dont il a tâché d'être le fondateur, le principe d'une organisation systématique des sciences; et, si l'on pensait que depuis lors, chez les jeunes sociologues, la séparation de deux ordres d'idées risque de se faire au profit de préoccupations exclusivement pratiques, nous renverrions le lecteur aux belles études de M. Bernès [1], qui nous montrent la sociologie renouvelant la science, loin de s'y opposer, en étendant la signification même de l'idée de science. — N'y a-t-il pas un rapprochement curieux et rassurant à faire entre pareils efforts et ceux d'un Socrate poursuivant, à propos de la morale, la définition et les conditions fondamentales de la connaissance scientifique?

Bref, il nous semble que, dans ses tendances générales, ce siècle n'est pas aussi éloigné qu'on veut parfois le dire de la spéculation désintéressée, et que si le désintéressement est une condition du progrès scientifique, il nous est encore permis d'envisager l'avenir avec confiance.

Est-ce à dire que nous devions nous abandonner à un optimisme tranquille? — Non certes. De tout notre pouvoir nous devons lutter contre l'envahissement des tendances trop exclusivement utilitaires et pratiques; nous devons par tous les moyens faire

---

1. Cf. particulièrement l'article paru dans la *Revue de Métaphysique et de Morale*, mars 1895 : *La sociologie, ses conditions d'existence, son importance scientifique et philosophique.*

pénétrer dans les esprits le respect, sinon l'admiration, pour ceux qu'on est trop disposé parfois à appeler des rêveurs inutiles, et pour toute étude spéculative. Arrêtons le plus possible sur les lèvres prêtes à les prononcer ces mots que chacun de nous a trop souvent entendus : à quoi cela sert-il ?

*
* *

Il est temps d'en venir aux réflexions que nous suggère, au point de vue philosophique, la loi que nous avons énoncée. Elle subordonne l'application de la science, les grandes découvertes pratiques, l'accroissement de notre puissance sur les choses de la nature, — à la pensée théorique. Or, suivant un mot connu, savoir c'est prévoir, et prévoir c'est pouvoir. Il est donc permis de dire plus simplement qu'elle fait dépendre la connaissance des phénomènes réels du progrès de la pure spéculation. Elle ne touche ainsi à rien moins qu'au nœud vital du problème de la connaissance, au lien de la pensée et des choses : et si, par elle-même, elle ne suffit pas à fournir une solution du problème, du moins elle exprime une exigence dont toute solution doit tenir compte.

Le réel pour Platon, c'était les idées, de telle sorte que le monde sensible y participât et ne devint objet de science que dans la mesure où il participait aux idées elles-mêmes; et Aristote pensait de même, quoiqu'il s'exprimât en termes quelque peu différents : le réel des choses et ce que la science doit chercher à saisir en elles, n'était-ce pas pour lui l'idée qui s'y cache? C'était là la solution la plus naïve et la plus simple, objectivant tout naturellement au dehors les conceptions intelligibles, ou plutôt proclamant l'identité de ces conceptions et de la réalité. — A deux mille ans de distance, et d'un point de vue

diamétralement opposé, Kant soumettant systématiquement la réalité des phénomènes aux formes *a
priori* de la pensée, aboutissait à la même justification des sciences théoriques. La géométrie, l'algèbre,
l'arithmétique, la mécanique, quoique formulées
a priori par le mathématicien, proclament les lois
mêmes des choses, puisque celles-ci n'existent pour
notre connaissance qu'en tant qu'elles sont assujetties
aux conditions énoncées par ces sciences spéculatives.

On ne saurait se plaindre, semble-t-il, de ce qu'une
semblable doctrine ne subordonne pas suffisamment
à la pensée le monde, objet de notre connaissance.
Mais, en vérité, n'y a-t-il pas, à prendre la doctrine
à la lettre, une exagération dépassant les bornes de
ce que peut accepter notre raison? Prenez la mathématique pure, par exemple, dira-t-on que, si loin
qu'elle soit poussée, quelques limites qu'atteignent
ses constructions, elle ne cessera jamais de formuler
les conditions de réalité des phénomènes? Ou bien,
frappé de la fécondité de la mathématique, même
dans ce qu'elle a de plus abstrait, Kant eût osé
répondre oui, et alors véritablement eût réfuté lui-
même sa doctrine par l'excès où il l'eût portée. — Ou
bien, plus probablement, préoccupé, comme il l'a
toujours été d'ailleurs, des conditions que l'intuition
impose à la mathématique, il eût prescrit d'avance
des bornes à celle-ci, et alors il n'eût pas raisonné au
fond autrement qu'Auguste Comte, et, comme celui-
ci, ainsi que nous allons y insister, eût méconnu ce
pouvoir de la pensée de rester si souvent féconde, —
même bien entendu au point de vue des applications
les plus pratiques, — quand elle s'abandonne à la spéculation pure avec le plus complet détachement de
toutes circonstances matérielles.

Des conceptions qui se rattachent par un rapport
plus ou moins lointain à l'empirisme, la philosophie

d'Auguste Comte nous semble la plus parfaite : elle reste parcourue par un souffle d'idéalisme, qu'explique suffisamment d'ailleurs l'éducation mathématique de l'esprit de Comte. Les sciences théoriques, à ses yeux, considèrent chacune quelques propriétés abstraites du monde sensible, propriétés de moins en moins simples et générales à mesure qu'on s'éloigne des mathématiques pures; mais, en tout cas, à tous les degrés de la hiérarchie, ce sont des éléments que l'esprit a dégagés des choses, et qu'il ne fait que leur rendre, pour ainsi dire, quand, après avoir construit sur eux une science rationnelle, il l'applique au monde réel. Dans l'intervalle, Comte a le sentiment très net qu'une élaboration s'est faite, d'une importance capitale pour le progrès de la science : il insiste maintes fois sur les caractères de précision et de rationalité si nécessaires, dit-il, à ce progrès. Mais, à ses yeux, les spéculations de la pensée théorique restent très voisines des conditions de la réalité même, ou, en tout cas, doivent ne pas s'en écarter, si l'on ne veut pas tomber dans la rêverie inutile. Il faut aux conceptions de la science rationnelle certaines conditions déterminées de « positivité » pour qu'elles ne deviennent pas des chimères.

Mais il arrive que ces restrictions imposées à l'élan de la pensée limitent considérablement son pouvoir, et il est difficile de n'être pas frappé du sentiment profond qu'a Auguste Comte des bornes de la science : ce sentiment s'exprime à chaque page des leçons de *philosophie positive.*

Considérant, par exemple, le degré d'abstraction, d'universalité et de simplicité auquel a atteint de son temps l'analyse mathématique, il déclare : « On ne saurait tenter d'aller plus loin sous ces trois rapports équivalents, sans tomber évidemment dans les rêveries métaphysiques. Car quel substratum effectif pourrait-il rester dans l'esprit pour servir de sujet positif au raisonnement, si on voulait supprimer encore quelque circonstance dans les notions des quantités indéterminées, constantes ou variables, telles que les géomètres les emploient aujourd'hui [1] ? » De même, après avoir énuméré les fonctions qu'étudie l'analyse de son temps : « A quelques formules, dit-il, que puisse conduire l'élaboration des équations, il n'y aurait lieu à de nouvelles opérations arithmétiques que si l'on venait à créer de véritables nouveaux éléments analytiques, dont le nombre sera toujours, quoi qu'il arrive, extrêmement petit [2] », et plus loin [3] : « Nous ne concevons nullement de quelle manière on pourrait procéder à la création de nouvelles fonctions abstraites élémentaires, remplissant convenablement toutes les conditions nécessaires. Ce n'est pas à dire néanmoins que nous ayons atteint aujourd'hui la limite effective posée à cet égard par les bornes de notre intelligence. Il est même certain que les derniers perfectionnements spéciaux de l'analyse mathématique ont contribué à étendre nos ressources sous ce rapport, en introduisant dans le domaine du calcul certaines intégrales définies, qui à quelques égards tiennent lieu de nouvelles fonctions simples, quoiqu'elles soient loin de remplir toutes les conditions convenables, ce qui m'a empêché de les inscrire au tableau des vrais éléments analytiques. Mais, tout bien considéré, je crois qu'il demeure incontestable que le nombre de ces éléments ne peut s'accroître qu'avec une extrême lenteur. » — Pour sentir à quel point la modestie de Comte est exagérée à l'égard du développement des mathématiques, et comme il se rend peu compte du degré d'abstraction auquel elles peuvent atteindre, de la quantité illimitée

1. *Cours de phil. positive*, leçon III.
2. Leçon IV.
3. Leçon IV.

de symboles et de fonctions qu'elles peuvent être
amenées à envisager, il suffit de songer aux progrès
qu'elles ont faits depuis cinquante ans dans toutes
les directions, où des bornes étroites leur étaient
ainsi assignées.

La faiblesse de notre intelligence, les limites qu'il
lui est interdit de dépasser, voilà ce qui revient sans
cesse sous la plume d'Auguste Comte, quand, après
avoir montré l'état actuel de la science, il s'interroge
sur l'avenir : « Il y a lieu de croire que sans avoir
déjà atteint les bornes imposées par la faible portée
de notre intelligence, nous ne tarderions pas à les
rencontrer en prolongeant avec une activité forte et
soutenue cette série de recherches [1] ». — « L'analyse
transcendentale est encore trop près de sa naissance
pour que nous puissions nous faire une juste idée de
ce qu'elle pourra devenir un jour. Mais, quelles que
doivent être nos légitimes espérances, n'oublions pas
de considérer avant tout les limites imposées par
notre constitution intellectuelle, et qui, pour n'être
pas susceptibles d'une détermination précise, n'en ont
pas moins une réalité incontestable [2]. » — Les
mathématiques s'appliqueront-elles jamais aux corps
vivants? « La première condition pour que des phénomènes comportent des lois mathématiques susceptibles d'être découvertes, c'est évidemment que les
diverses quantités qu'ils présentent puissent donner
lieu à des nombres fixes. Or en comparant à cet
égard les deux grandes sections de la philosophie
naturelle, on voit que la physique organique tout
entière, et probablement aussi les parties les plus
compliquées de la physique inorganique, sont nécessairement inaccessibles, par leur nature, à notre
analyse mathématique, en vertu de l'extrême varia-

1. *Cours de phil. positive*, leçon V.
2. Leçon VII.

bilité numérique des phénomènes correspondants.
Toute idée précise de nombre fixe est véritablement
déplacée dans les phénomènes des corps vivants,
quand on veut l'employer autrement que comme
moyen de soulager l'attention et qu'on attache quelque
importance aux relations exactes des valeurs assignées... La considération précédente conduit à aper-
cevoir un second motif distinct, en vertu duquel il
nous est interdit, vu la faiblesse de notre intelligence,
de faire rentrer l'étude des phénomènes les plus
compliqués dans le domaine des applications de
l'analyse mathématique. En effet, indépendamment
de ce que, dans les phénomènes les plus spéciaux,
les résultats effectifs sont tellement variables que
nous ne pouvons pas même y saisir des valeurs
fixes, il suit de la complication des cas que, quand
même nous pourrions connaître un jour la loi mathématique à laquelle est soumis chaque agent pris à
part, la combinaison d'un aussi grand nombre de
conditions rendrait le problème mathématique correspondant tellement supérieur à nos faibles moyens
que la question resterait le plus souvent insoluble.
Ce n'est donc pas ainsi qu'on peut faire une étude
réelle et féconde de la majeure partie des phénomènes
naturels [1]. »

Ce passage, plus que tout autre, a de quoi surprendre par la nature des arguments présentés :
leur insuffisance montre surtout la conviction profonde où est Auguste Comte que de toutes parts la
science rationnelle aura bien de la peine à franchir
les limites atteintes.

Qu'on lise encore ces réflexions sur l'étude des
astres [2] : « Nous concevons la possibilité de déterminer leurs formes, leurs distances, leurs grandeurs

1. *Cours de phil. positive*, leçon III.
2. Leçon XIX.

et leurs mouvements; tandis que nous ne saurions jamais étudier par aucun moyen leur composition chimique ou leur structure minéralogique, et, à plus forte raison, la nature des corps organisés qui vivent à leur surface, etc. En un mot, pour employer immédiatement les expressions scientifiques les plus précises, nos connaissances positives par rapport aux astres sont nécessairement limitées à leurs seuls phénomènes géométriques et mécaniques, sans pouvoir nullement embrasser les autres recherches physiques, chimiques, physiologiques, etc. »

Il faudrait à chaque instant s'arrêter, dans la lecture d'Auguste Comte, si l'on voulait recueillir tous les passages où il assigne, à propos de tel ou tel problème, les limites de ce que peut l'intelligence humaine, si elle ne veut pas produire de chimériques fictions. — Citons encore l'insistance avec laquelle il demande aux physiciens de se méfier des mathématiciens purs qui leur feraient perdre de vue les conditions de positivité indispensables pour l'objet de leur science; qui pourraient, par exemple, les entraîner à appliquer la mécanique à l'étude de la lumière, négligeant ainsi l'hétérogénéité radicale des phénomènes de lumière et de ceux de mouvement[1]. Qu'aurait pensé Auguste Comte s'il avait assisté depuis aux efforts des savants pour transformer non pas seulement la physique, mais la chimie elle-même, en un chapitre de mécanique?

Bref, sans insister davantage, n'est-il pas surabondamment établi que, quel que soit le rôle attribué à la rationalité, à l'idée par conséquent, la positivité domine encore dans la doctrine d'Auguste Comte, et suffit à enserrer l'idée, à limiter son essor, au point que de toutes parts on se croie parvenu aux termes extrêmes où puisse atteindre la science théorique? —

---

1. *Cours de phil. positive*, leçon **XXXIII**.

Qui ne sent que c'est bien là une conséquence de la doctrine elle-même, et non point une vue qui se justifie par l'état des sciences au temps d'Auguste Comte? Supposez qu'il eût écrit son livre deux cents ans plus tôt, si les tendances mathématiques de son esprit l'eussent empêché d'atteindre à l'étroitesse de vue d'un Bacon, il eût du moins déclaré impossibles ou purement fictives et vaines, quantité de notions qu'il présente comme ayant tout naturellement droit de cité dans la science positive : en mathématiques, les nombres négatifs et surtout les nombres imaginaires, — puis tout algorithme maniant à quelque degré la chimère de l'infini. En astronomie, il eût énergiquement sans doute refusé au savant, comme il le fait pour les phénomènes de lumière, le droit d'étudier les mouvements des astres autrement que par la géométrie. Avec quelle vivacité surtout en eût-il exclu cette incompréhensible chose qu'on nomme une force! et ainsi de suite.

Et de fait, comment les idées d'abord envisagées en elles-mêmes, sorties pour ainsi dire de l'intelligence toute pure du théoricien, finissent cependant tôt ou tard, — si fréquemment au moins, — par se prêter à quelque progrès effectif de la science, c'est ce que la doctrine positiviste de la connaissance scientifique aurait quelque peine à expliquer. C'est l'aveu de cette difficulté qui se trouve au fond dans les déclarations d'impuissance ou d'inutilité de toute conception qui, par elle-même, semble dépourvue de conditions suffisantes de positivité. En présence de la loi qui subordonne le progrès de la connaissance au pur désintéressement de la spéculation théorique, la seule attitude logique permise à toute philosophie positiviste est celle-ci : Plus nombreuses seront les conceptions formulées et essayées, plus nombreuses aussi seront les chances que quelqu'une remplisse les conditions de positivité nécessairement requises pour une application féconde. Mais n'est-ce pas faire une trop grande part au hasard? N'est-ce pas laisser subsister comme un mystère, qui seul expliquerait comment *si fréquemment* les rencontres heureuses avec les conditions du monde réel sont réservées aux conceptions nées de la spéculation théorique?

Peut-être aussi finirons-nous, — pour expliquer le lien qui rattache la pensée pure au réel, — par ne plus nous croire nécessairement condamnés à l'une ou à l'autre de ces deux solutions :

Ou bien revêtir la pensée d'un caractère tel que, par essence, consciemment ou non, elle ne puisse se dégager des conditions d'objectivité des phénomènes;

Ou bien accepter que seule puisse être efficace et scientifique une idée qui, par ses conditions particulières objectives ou subjectives, se trouve être véritablement une vue sur le réel.

Ces deux solutions n'ont-elles pas le tort de supposer un lien trop directement nécessaire entre les créations de la pensée et le réel?

D'une part pouvons-nous contester la multiplicité des voies par lesquelles l'intelligence atteint tel ou tel groupe de faits? Et ce ne sont pas seulement les sciences physiques qui nous fournissent de nombreux exemples d'explications diverses pour une même catégorie de phénomènes : les mathématiques elles aussi, dans leurs ramifications multiples, nous donnent fréquemment cette surprise d'aboutir à quelque point fondamental par des chemins infiniment variés.

D'autre part, comment nier que la science tire le plus grand profit de notions fictives, invérifiables, échappant, par leur nature, aux conditions de détermination ordinaire des choses, dépourvues, semble-t-il, le plus qu'il est possible, de tout caractère de positivité, comme, par exemple, l'éther et les atomes, en physique, — comme, en mathématique, chaque symbole nouveau introduit par généralisation précisément dans les cas où, en vertu des conditions premières, il cessait de rien représenter. Et ce ne sont pas seulement les notions fictives qui peuvent réussir, ce sont parfois des vues manifestement absurdes; essayez, par exemple, de supposer les longueurs composées d'un nombre fini de points, les surfaces d'un nombre déterminé de lignes, vous n'aurez pas de peine à démontrer certains théorèmes connus, et dont l'intérêt heureusement ne dépend pas de cette conception, — si manifestement contradictoire avec l'ensemble de nos vues géométriques ordinaires.

De ces deux caractères de la science, de se prêter à la multiplicité des théories, et d'utiliser des notions manifestement étrangères aux conditions des choses, — on ne rendra raison que si l'on devient moins exigeant pour la nature du lien qui resserre la spéculation pure et la réalité; si l'on ne demande plus que la première pénètre directement la seconde; si l'on se contente enfin de poser entre elles un simple parallélisme. Pour que les conceptions de l'esprit s'utilisent ne suffit-il pas qu'une interprétation soit trouvée, un mode de correspondance entre elles et les phénomènes réels? pour cela enfin, si elles doivent satisfaire encore à un minimum de conditions objectives, du moins on comprend qu'elles devront surtout s'accorder avec celles dont l'ensemble forme déjà un langage adopté, qu'elles devront s'assimiler à cet ensemble; et ce résultat s'obtiendra peut-être tout naturellement, si la pensée spéculant sur la langue théorique qu'il possède déjà en recule les limites avec continuité. L'interprétation se substituant à la pénétration directe, il n'y a plus de difficulté à admettre la multiplicité des théories. Il n'y

en a pas non plus à comprendre le rôle efficace des
fictions les plus chimériques à l'égard de la réalité
objective : ne suffit-il pas qu'elles contribuent à perfectionner une langue? et, pour cela, est-il nécessaire
qu'elles soient en rapport direct avec autre chose
que l'ensemble des symboles, dont elles doivent être
un prolongement? L'imaginaire $\sqrt{-1}$ n'a pas besoin
d'un substratum effectif pour être utile, il suffit que
ce signe facilite les transformations algébriques et
perfectionne l'instrument que manie la pensée, en le
rendant plus souple et plus malléable.

Et alors l'esprit peut se donner libre carrière, son
activité peut s'exercer sans limite : nous ne serons
plus aussi surpris de voir aboutir ses spéculations à
l'interprétation des faits naturels, donc à leur prévision, donc à leur transformation; et nous compren-
drons mieux enfin la possibilité de cette loi du progrès scientifique, qui le fait dépendre moins des
sollicitations extérieures que de la facilité avec
laquelle la pensée sait s'en écarter pour s'abandonner
aux séductions de la théorie pure.

IV

LE RAISONNEMENT GÉOMÉTRIQUE ET LE SYLLOGISME

Euclide commence par énoncer, sous forme de définitions, de demandes et de notions communes, un certain nombre d'affirmations qu'il pose purement et simplement. Chacune des propositions dont la suite forme une démonstration quelconque s'appuie sur ces vérités premières, — à moins que ce ne soit sur une conclusion qu'elles ont déjà servi à établir. — A propos de chacune des idées successives présentées par le géomètre dans un raisonnement, demandez : pourquoi cela est-il ainsi? et la réponse à votre question, tantôt explicitement fournie par Euclide, tantôt sous-entendue, sera toujours : Cela est ainsi en vertu de telle définition, de telle demande, de telle notion commune, — ou enfin de telle proposition déjà démontrée.

Prenons pour exemple la proposition V du 1er livre, et tenons-nous-en à peu près au texte d'Euclide, en rétablissant les raisons sous-entendues des affirmations successives. La traduction Peyrard peut nous aider d'ailleurs, car les numéros des propositions auxquelles le lecteur doit se reporter sont indiqués entre parenthèses.

Dans les triangles isocèles, les angles à la base sont égaux entre eux [1].

---

[1]. Je supprime, pour simplifier, le reste de l'énoncé, ce qui amène dans la suite des changements insignifiants.

Soit le triangle isocèle ABΓ ayant le côté AB égal au côté AΓ. Je dis que l'angle ABΓ est égal à l'angle AΓB.

Menons les droites BΔ, ΓE, dans les directions de AB, AΓ. — Nous le pouvons en vertu de la *demande 2 : Prolonger indéfiniment suivant sa direction une droite finie.*

Soit Z un point de BΔ; de la droite AE plus grande que AZ retranchons une droite AH égale à AZ. — Cela est possible en vertu de la proposition III : *Deux droites inégales étant données, retrancher de la plus grande une droite égale à la plus petite.*

Joignons ZΓ, HB. — Demande 1 : *Conduire une droite d'un point quelconque à un point quelconque.*

AZ et AB sont respectivement égales à AH et AΓ, mais elles comprennent un angle commun ZAH; donc la base ZΓ est égale à la base HB, le triangle AZΓ est égal au triangle AHB, et les angles restants sous-tendus par les côtés égaux sont égaux chacun à chacun : l'angle AΓZ à l'angle ABH, et l'angle AZΓ à l'angle AHB. Tout cela en vertu de la proposition IV : *Si deux triangles ont deux côtés égaux à deux côtés, chacun à chacun, et si les angles compris par les côtés égaux sont égaux, ces triangles auront leurs bases égales, ils seront égaux, et les angles restants, sous-tendus par les côtés égaux, seront égaux chacun à chacun.*

Puisque la droite entière AZ est égale à la droite entière AH, et que AB est égal à AΓ, la restante BZ sera égale à la restante ΓH. — 3° notion commune : *Si de grandeurs égales on retranche des grandeurs égales, les restes seront égaux.*

Mais on a démontré que ZΓ est égal à HB; les deux droites BZ, ZΓ sont égales à ΓH, HB, chacune à chacune; l'angle BZΓ est égal à l'angle ΓHB, et BΓ est leur base commune. Donc — [nous nous retrouvons dans les conditions de la proposition IV déjà énoncée]

— le triangle BZΓ est égal au triangle ΓHB, et les angles restants, sous-tendus par les côtés égaux, sont égaux chacun à chacun : BΓZ est égal à l'angle ΓBH.

Mais l'angle entier ABH, on l'a démontré, est égal à l'angle entier AΓZ, et l'angle ΓBH est égal à l'angle BΓZ ; donc l'angle restant ABΓ est égal à l'angle restant AΓB. [3ᵉ notion commune ; déjà énoncée.] *C. Q. F. D.*

Si nous portons notre attention sur chacun des pas successifs de ce raisonnement, nous n'avons pas de peine à y trouver cette formule type : Ces éléments sont dans telles conditions, donc on peut affirmer d'eux telle chose. Pourquoi ? — Parce qu'on sait déjà que cette chose peut s'affirmer des éléments qui se trouvent dans ces conditions. En énonçant ce qui est manifestement sous-entendu, nous pouvons alors présenter chacun des raisonnements élémentaires sous forme syllogistique. Exemples :

Une droite finie peut être prolongée suivant sa direction ;

AB, AΓ sont des droites finies ;

AB, AΓ peuvent être prolongées suivant leur direction.

Deux triangles qui ont un angle égal formé par deux côtés respectivement égaux ont tous leurs éléments égaux chacun à chacun ;

Les triangles AZΓ, AHB ont un angle égal formé par des côtés respectivement égaux ;

Les triangles AZΓ, AHB ont tous leurs éléments égaux chacun à chacun.

Avons-nous là de vrais syllogismes ? — Les logiciens qui ne reconnaissent pas le syllogisme dans les raisonnements géométriques (Cournot et M. Lachelier, par ex.) présentent à l'appui de leur opinion les arguments que voici. D'une part on ne voit pas dans ces raisonnements de véritables attributs affirmés d'un sujet ; il est seulement question, à propos de chaque élément, de le comparer quantitativement à quelque autre. D'autre part on ne pourrait y trouver trace d'aucune répartition en genres et espèces. Ces .deux remarques suffisent à empêcher d'interpréter le raisonnement géométrique soit en compréhension, soit en extension, comme on le fait pour le syllogisme ordinaire, et d'y voir, comme pour celui-ci, énoncé d'une façon ou d'une autre, que si A est en B, et B en C, A est en C.

Certes il est souvent question d'égalité dans les raisonnements de la géométrie; mais l'analyse de la proposition V montre, à elle seule, que ce n'est pas là le seul rapport exprimé par les jugements successifs. La construction, la κατασκευή tout particulièrement, manie d'autres idées. Quand j'énonce cette propriété générale d'une droite quelconque de pouvoir être prolongée indéfiniment, c'est bien un attribut, au véritable sens du mot, une qualité parmi tant d'autres : une droite finie est divisible en deux parties égales; une droite finie contient autant de points qu'on en veut, etc. Pourquoi ne dirait-on pas que la possibilité d'être indéfiniment prolongée entre dans la compréhension de la droite finie?

Mais même s'il s'agit de la démonstration proprement dite, de l'ἀπόδειξις, et s'il y est question d'égalité, ne peut-on plus par cela même parler d'attribut et de compréhension? — Si je dis : Deux triangles qui ont un angle égal compris entre côtés égaux sont égaux, j'énonce une propriété, un attribut, de cette chose qui est un couple de deux triangles particuliers. Désignons par T un couple de deux triangles ayant un angle égal et les côtés qui le forment respectivement égaux; T possède cet attribut que les deux parties qui le composent sont formées d'éléments tous égaux chacun à chacun.

Pas de genre, ni d'espèce en géométrie, dit-on. Il ne faut pas croire, par exemple, que pour calculer la somme des angles d'un pentagone, on puisse raisonnablement appliquer à un cas particulier une proposition générale établie pour un polygone quelconque [1]. Cette proposition générale au contraire s'obtient elle-même en considérant d'abord le triangle, puis le quadrilatère, et ainsi de suite, en ajoutant chaque fois un côté de plus dans une construction progressive. — Ne pourrait-on cependant citer une foule d'exemples où l'on aurait manifestement le droit d'énoncer, à propos d'une variété d'un genre, ce qu'on a pu établir d'une manière générale pour le genre? Toute section plane d'un cône du second ordre rencontre en deux points une droite située dans son plan (cela résulte de ce qu'un pareil cône est coupé en deux points par une droite) : une ellipse, une hyperbole, une parabole sont donc rencontrées en deux points par une droite. Ces courbes ne sont-elles pas des espèces du genre « section conique »? Chacune d'elles d'ailleurs présente des variétés. Ainsi l'ellipse admet le cercle comme variété. — Veut-on un exemple plus élémentaire? On peut démontrer sur un parallélogramme que les diagonales se coupent en leur milieu : la proposition s'appliquera au rectangle, au carré, au losange, sans qu'on puisse dire qu'il y ait là simple retour d'une marche progressive à chacun des éléments parcourus.

Aussi bien, dans un autre sens, et sans nous écarter des exemples que nous avions sous les yeux, dès qu'un jugement donne un attribut à un sujet, dès qu'il peut s'interpréter en compréhension, ne peut-il en même temps s'interpréter en extension? — Si B est attribut de A, A fait partie des choses qui sont B. Nous avons dit qu'il y a quelque exagération à refuser de voir un attribut désigné dans une proposition comme celle-ci : Une droite finie peut se prolonger

1. Lachelier, *De natura syllogismi*, p. 9.

indéfiniment. De même donc pourquoi ne nous laisserait-on pas le droit de l'énoncer ainsi : « Une droite finie fait partie des choses qui peuvent se prolonger à l'infini ». La droite est un des innombrables éléments linéaires qui se continuent indéfiniment (arcs d'hyperbole, de parabole, de spirale, etc.), — lesquels d'ailleurs ne sont que des cas particuliers d'éléments spatiaux ayant cette propriété, — lesquels enfin rentrent dans la catégorie plus générale des choses à propos desquelles l'esprit peut procéder sans limite.

Mais, dira-t-on, s'il reste possible jusqu'à un certain point de parler d'attributs, de compréhension et d'extension en géométrie, c'est tout simplement dans la mesure où il reste de la qualité. Or celle-ci fournit un minimum de matière qui n'est là que comme substratum pour la quantité, et les raisonnements géométriques vont être essentiellement quantitatifs. Or le type d'un pareil raisonnement est celui-ci : A = B, B = C, A = C. Ce n'est pas un syllogisme « puisque on ne saurait y distinguer ni majeure, ni mineure, ni grand, ni moyen, ni petit terme [1] ».

Il n'est d'abord pas obligé qu'on soit tellement effrayé par la distance qui sépare cette suite de trois propositions A = B, B = C, A = C, de cette autre suite : A contient B, B contient C, A contient C; et M. Renouvier n'a-t-il pas fait sentir au contraire l'analogie des deux raisonnements en mettant le syllogisme général sous la forme A = e B, B = e C, A = e C (où e désigne une fraction variable indéterminée), de façon à faire correspondre le syllogisme quantitatif au cas limite e = 1 [2]? Mais j'aime mieux, pour ma part, voir les choses autrement. Un syllogisme est avant tout une suite de trois propositions

---

1. Cournot, *Essai sur les fondements de nos connaissances,* t. II, chap. xvi.
2. *Logique*, t. II.

dont la dernière résulte nécessairement des deux premières. Or que l'on ait A = C, parce que l'on a déjà A = B et B = C, la nécessité n'en éclate vraiment aux yeux qu'en vertu de la définition du signe =. L'idée exprimée par ce signe doit être telle que dès que deux choses A, C, sont égales à une troisième, B, elles sont par cela même égales entre elles. La définition de l'égalité satisfera à cette exigence dans chaque cas particulier où elle sera posée, si bien que, comme on l'a fait remarquer [1], énoncée de la façon la plus abstraite, cette définition est fournie par la condition même que A = B et C = B entraînent A = C, jointe à cette autre que si A = B, B = A. Dès lors le véritable raisonnement qui se cache sous une suite de propositions A = B, B = C, A = C, n'est-il pas celui-ci :

Deux quantités égales à une troisième sont égales entre elles ;

A et C sont deux quantités égales à une troisième (B) ;

A et C sont égaux entre eux.

Et le syllogisme cette fois ne prend-il pas une forme tout à fait semblable à celle qu'eût exigée Cournot lui-même ?

En tout cas, tel que le voilà énoncé, il rentre manifestement dans le type de ceux que nous avons rencontrés tout à l'heure, dans l'analyse de la proposition V d'Euclide : il ne constituera pas une exception lorsqu'il se présentera dans les autres démonstrations.

Jusqu'ici nous sommes restés, dans cette discussion, sur le terrain même de nos adversaires. Il faut prendre maintenant la question de plus haut. Il est clair qu'à certains points de vue on trouvera sans peine des différences entre les notions maniées dans

---

1. Poincaré, *Rev. de Métaphys. et de Morale*, janvier 1897.

tels et tels ordres d'idées, et nous pensons bien nous-
même, nous le dirons dans la suite, que le syllogisme géométrique se fera remarquer par des caractères intéressants. Mais enfin est-il ou non permis de
parler de syllogismes à propos des raisonnements de
la géométrie? Voilà le point essentiel. A la rigueur, la
réponse qu'on fera à une pareille question dépendra
de l'idée que chacun se fait du syllogisme. Mais pourtant ne peut-on indiquer quelque caractère fondamental auquel il se reconnaisse? Nous avons dit
incidemment qu'il est avant tout une suite de propositions telles que, les deux premières étant posées,
la troisième en résulte nécessairement, et, depuis
Aristote, personne n'a contesté cette définition. Le
syllogisme n'est-il pas en outre essentiellement le
raisonnement déductif, c'est-à-dire le procédé par
lequel l'esprit rattache une affirmation à une autre
plus générale qui la comprend? Au fond même, n'est-
ce pas pour retrouver ce caractère du syllogisme
qu'on sent le besoin d'y voir des attributs, — éléments de quelque compréhension qui les renferme,
— et des espèces, parties de genres qui les contiennent, de façon à saisir clairement la marche déductive
de la pensée? Or chacun des raisonnements élémentaires dont se compose une démonstration géométrique présente certainement ce caractère. Soit, par
exemple, celui-ci :

Une droite peut être prolongée indéfiniment;

AB est une droite finie;

AB peut être prolongée indéfiniment.

Le sujet de la majeure c'est toute droite finie qu'il
pourra nous arriver de rencontrer à propos d'un problème quelconque, dans une construction quelconque; c'est toute droite qu'il nous plaira de tracer ou
d'envisager à un moment quelconque. Le sujet de la
mineure et, par conséquent, celui de la conclusion,
c'est plus particulièrement un des côtés du triangle

isocèle à propos duquel on veut démontrer que les angles à la base sont égaux. Et ce raisonnement a pour fonction essentielle de rattacher à un fait général la propriété particulière affirmée de ce côté AB. Ne reconnaissons-nous pas là le caractère propre de la déduction?

Ainsi pour nous les raisonnements géométriques sont bien composés de syllogismes. Et d'ailleurs n'était-ce donc pas déjà l'opinion d'Aristote, dont la manière de voir a son importance dans une question de ce genre?

D'une part, dans les *Derniers Analytiques* (I, 2), voulant montrer en quoi diffèrent le syllogisme et la démonstration, Aristote explique que celle-ci n'est autre chose que le syllogisme dont les prémisses sont certaines. Or par démonstration il faut entendre la démonstration scientifique, et surtout la démonstration géométrique : la géométrie n'était-elle pas, aux yeux des Grecs, l'ἐπιστήμη par excellence? — D'autre part, quelques chapitres plus loin, Aristote déclare que c'est le syllogisme de la première figure qui est le plus scientifique. « C'est par celui-là, dit-il, que les sciences mathématiques donnent leurs démonstrations, l'arithmétique, la géométrie, l'optique, et on peut dire toutes les sciences qui étudient le pourquoi des choses. » Ainsi, contrairement à une opinion exprimée quelquefois [1], en affirmant que la démonstration géométrique procède par syllogismes, nous n'avons pas Aristote contre nous : nous nous accordons même avec lui jusque dans cette remarque relative à la figure ordinaire du syllogisme géométrique; car les raisonnements élémentaires tels que nous les avons présentés sont de la première figure.

1. Notamment par Cournot, *op. cit.*

* *
*

Et maintenant il est aisé de faire sentir les caractères propres du syllogisme géométrique. Le meilleur moyen pour cela, c'est de montrer qu'il échappe, le plus qu'il est possible, aux critiques de l'Ecole anglaise. On sait en quoi consistent ces critiques. Soit le syllogisme :

Tous les hommes sont mortels;
Socrate est homme;
Socrate est mortel.

Ce raisonnement est un cercle vicieux, car je ne peux affirmer la première proposition que si je suis convaincu de la vérité de la dernière. Socrate non mortel serait en effet une exception suffisante pour infirmer la certitude de la majeure. — Et aussi, dit en substance Stuart Mill, c'est une étrange fantaisie que de donner à la majeure une généralité absolue en même temps qu'inutile. L'affirmation que tous les hommes sont mortels est pour nous une façon de tenir compte de ce que Jean, Pierre, Jacques, etc., ont été mortels. De tous les cas particuliers dont nous avons pu former un registre, nous avons tiré une proposition qui, par son extension, dépasse le registre, puis nous sommes descendus de la proposition générale à un cas particulier. N'est-il pas plus simple et plus sincère de conclure directement des cas particuliers connus à celui dont il sera maintenant question ? N'est-ce pas en tout cas la seule manière de faire disparaître le cercle vicieux ?

Quelle que soit en elle-même la valeur d'une théorie qui nous demande de conclure du particulier au particulier, n'est-il pas clair qu'elle devient au moins inutile dès qu'il s'agit du syllogisme géométrique, pour la raison bien simple qu'il n'est plus facile d'y voir un cercle vicieux ?

Reprenons, pour nous faire comprendre, l'exemple

7.

du syllogisme classique. Ce qui rend surtout le cercle
vicieux manifeste c'est qu'il y est question d'un
ensemble, d'une collection, — et que l'on conclut en
affirmant chez l'un des individus une propriété que
l'on a d'abord déclarée appartenir à tous. Il semble
que le défaut soit déjà moins apparent si à la formule : « Tous les hommes sont mortels », on substitue celle-ci : « Tout homme est mortel ». Mais au
fond la difficulté n'a pas disparu. Il ne s'agit plus, il
est vrai, d'une collection limitée, formée d'un nombre
déterminé d'individus, — que l'on saisit simultanément dans une seule vue, lorsqu'on énonce la propriété qu'ils possèdent tous. « Tout homme » signifie
tout homme connu ou inconnu, tout homme qui a
vécu, qui existe ou qui pourra jamais venir au monde.
Mais cependant, n'est-il pas toujours nécessaire que
tel homme particulier, auquel je peux songer, tel
homme défini dans le présent, le passé ou l'avenir
par quelque circonstance qui le détermine, — n'est-
il pas nécessaire, dis-je, que celui-là soit mortel lui-
même pour que la majeure puisse s'énoncer sous
sa forme universelle? et si la certitude de la majeure
dépend toujours de celle de la conclusion, le cercle
vicieux subsiste : il subsistera tant qu'il sera permis
de parler de l'exception qu'apporterait à la formule
générale le cas d'un homme non mortel. Un seul
moyen, s'il était raisonnable, s'offrirait à nous de
nous retirer ce droit, ce serait de faire entrer la mortalité dans la définition de ce qui caractérise un
homme. Dès lors plus d'exception possible; car si tel
individu qui, par ses autres caractères, semblait être
un homme, se trouvait non mortel, nous cesserions
aussitôt d'y reconnaître un homme. Ce serait fort
simple, — mais bien étrange en vérité. Nous n'avons
songé à cet attribut des hommes que pour avoir
constaté la mortalité de tous ceux qui ont vécu. Nous
avons d'abord, durant une expérience plus ou moins

longue, appelé homme l'individu caractérisé par d'autres qualités, et nous avons constaté que celle-là, la mortalité, s'y ajoutait invariablement : c'est cette addition d'un attribut à d'autres déterminés que nous avons voulu énoncer d'une manière générale, et, parce que nous déciderions tout à coup de l'exiger par une définition, nous ne ferions pas disparaître ce qu'il y aurait d'exceptionnel au cas où l'attribut en question cesserait d'accompagner ceux auxquels nous l'avons toujours vu associé. Pour nous mettre à l'abri des objections logiques, pour supprimer le cercle vicieux, nous aurions formé une définition que ne justifierait aucune raison suffisante.

Mais cette façon de procéder nous choque particulièrement ici parce qu'il est question d'une chose si clairement donnée, l'homme, — d'un objet se posant de lui-même si spontanément à notre connaissance, tellement en dehors, semble-t-il, de toute tentative de notre part de fixer nous-mêmes les limites de sa compréhension, que nous ne pouvons accepter de résoudre la difficulté par une simple définition. Si seulement il s'agissait d'une de ces choses dont l'existence et les propriétés sont mises à jour scientifiquement par le physicien ou le chimiste, nous nous déciderions avec moins de peine à fixer une notion définitive, à arrêter la liste des qualités caractéristiques de ce que nous nommerions de telle façon, au risque d'avoir à mettre d'accord cette attitude avec les contradictions possibles de l'expérience. Mais tout devient plus clair encore, et il semble bien que nous échappions véritablement ainsi aux objections de Stuart Mill, quand nous parvenons au domaine géométrique. Que la majeure soit une « demande », une « notion commune », ou une « définition », peu importe : le seul fait que le géomètre l'a inscrite à la première page de son livre signifie qu'il va la prendre pour point de départ, qu'il

se propose de marcher désormais dans la construction de sa science, en se conformant à cette majeure.
Quand donc il énonce, par exemple : toute droite
finie peut se prolonger indéfiniment, la certitude de
cette proposition ne saurait dépendre pour lui de ce
qui adviendra pour telle ou telle droite qui se pourra
rencontrer désormais, car on ne se donne le droit de
parler de. droite qu'autant que le prolongement indéfini est possible. Et non seulement ici on n'aura nul
besoin de la théorie de Mill, qui prétendait seule supprimer tout cercle vicieux, en concluant directement
de certains cas particuliers à un cas nouveau, mais
même on ne lui reconnaîtra aucun sens. Les cas par-
culiers antérieurs à la formule générale n'existent
pas; ou du moins, et c'est ce que nous entendons, ils
n'existaient pas pour le géomètre. Quelles que soient
les raisons qui lui ont suggéré le choix de cette formule de préférence à d'autres, c'est en tout cas pour
lui une formule qui, loin de résumer le passé, inscrite
à la première page de la science, vise uniquement le
futur. Ainsi nous consentons à faire une place à part
au raisonnement géométrique; mais ce n'est pas pour
le séparer du raisonnement syllogistique, bien au
contraire c'est pour reconnaître aux syllogismes dont
il est formé une valeur logique toute particulière.

*
* *

Eh quoi! Voilà donc la démonstration géométrique
ramenée au syllogisme! la vieille logique peut s'enor-
gueillir d'un pareil résultat : la géométrie a-t-elle le
droit d'en être fière? Si son processus est une déduction continue, ses prétendues nouveautés ne seront
jamais que des conséquences implicitement conte-
nues dans des prémisses posées une fois pour toutes,
de telle manière que la géométrie tout entière, si
loin qu'elle soit poussée, ne consiste qu'en un dévelop-

pement analytique de quelques données premières :
c'est là ce qui pourrait s'appeler piétiner sur place
et non point marcher en avant. Et comment comprendre cela, si l'on songe au progrès incessant de
la géométrie, ainsi qu'à l'essor vertigineux ·de la
pensée mathématique? Comment concilier la nature
syllogistique des raisonnements avec la marche en
avant qu'ils permettent à l'esprit de réaliser?

Kant a beaucoup insisté sur ce que, contrairement à l'opinion commune, les propositions de la
géométrie et des mathématiques en général ne sont
pas analytiques. Serait-ce de ce côté que nous pourrions trouver une réponse claire à notre question?
Pour en décider, ouvrons la *Critique de la raison
pure* ou les *Prolégomènes* qui la répètent à peu près
sur ce point, et reportons-nous aux explications
qui s'y trouvent. Elles sont particulièrement expli-
cites à propos d'un exemple qui, pour être emprunté
à l'arithmétique, n'en est pas moins instructif :
7 + 5 = 12. La première remarque de Kant, c'est
que le concept de la somme (7 + 5) ne contient
pas le nombre même qui y correspondra : j'ai beau
tourner et retourner dans ma pensée l'union de 7 et
de 5, je n'y découvrirai pas qu'elle conduit au nombre 12. On pourrait répondre à cela que le nombre 12
n'apparaît pas en effet par la simple considération de
la somme 7 + 5, et qu'il faut une démonstration pour
passer de celle-ci à celui-là : toute la question est
de savoir si cette démonstration va être synthétique,
si elle va vraiment ajouter quelque chose au concept
de la somme, ou si elle va seulement mettre en évidence ce qui, sans apparaître d'abord, y était cependant contenu. Or un leibnitien, par exemple, eût
exposé ce raisonnement fort simple, fondé sur les
définitions premières de l'arithmétique, qui, prenant
après 7 successivement les nombres 7 + 1 ou 8,
8 + 1 ou 9... eût peu à peu conduit au nombre 12.

Mais Kant ne se borne pas à sa première remarque. Il déclare que l'intuition intervient dans la démonstration. Qu'entend-il par là? Serait-ce simplement qu'elle soutient la pensée en plaçant sous les unités abstraites de l'arithmétique des choses concrètes, telles que doigts, cailloux, points...? Serait-ce que l'intuition contribuerait seulement à faciliter le mouvement de la pensée? Cette interprétation serait assez naturelle étant donné que, pour mieux convaincre son lecteur, Kant cite l'exemple de nombres plus grands; et il est clair que l'aide apportée par l'intuition dans le raisonnement arithmétique, tel que nous venons de le présenter, est d'autant plus appréciable que les nombres dont il s'agit sont plus grands. Mais si l'intuition, aux yeux de Kant, ne jouait que ce rôle auxiliaire, l'importance de ce rôle dépendrait de la puissance d'abstraction du mathématicien, et pourrait devenir nulle en certains cas, au moins quand il s'agirait de nombres assez simples. Kant a certainement en vue une intervention plus effective de l'intuition. « On *est obligé*, dit-il, d'appeler à son aide l'intuition, ses cinq doigts, par exemple..., et ainsi, on ajoute une à une les unités des cinq choses données dans l'intuition au concept des sept autres. » Ainsi il n'y a pas de puissance d'abstraction qui tienne : la pensée *ne pourrait pas* effectuer l'addition de cinq unités aux sept autres, sans un substratum intuitif. Mais qu'est-ce qui fait donc la difficulté? N'est-il pas possible de dire : 7 et 1 font 8, 8 et 1 font 9, etc.? Kant nous eût sans doute répondu que la pensée, livrée à ses propres ressources, ne saura pas saisir l'instant où les unités ajoutées successivement seront au nombre de cinq. Un arithméticien d'aujourd'hui n'aurait pourtant pas de peine à expliquer qu'il sait se former une suite de signes 1, 2, 3, 4..., qu'il est capable de répéter de mémoire. A mesure qu'il formera les nombres 7 + 1 ou 8,

8 + 1 ou 9, il lui suffira de nommer successivement chacun de ces signes à partir du premier jusqu'à 5, pour parvenir sûrement à la somme 7 + 5. Mais Kant eût alors demandé de quel droit ces signes répondent aux nombres, comment chacun d'eux représente une collection contenant une unité de plus que le précédent, et pourquoi enfin le résultat auquel conduit cette façon de procéder est bien véritablement la somme de 7 et de 5. Il faudrait bien avouer cette fois qu'on n'a échappé à l'intuition qu'en formant des définitions destinées à reproduire le contenu des postulats fondamentaux qu'elle nous révélait. Enfin l'idée de Kant apparaît avec d'autant plus de clarté que nous essayions d'en contester la légitimité : l'intuition est nécessaire au raisonnement par lequel se trouve établie l'égalité 7 + 5 = 12, tout simplement parce qu'elle nous a fourni le postulat sur lequel se fonde l'addition arithmétique. S'il fallait insister pour montrer que nous tenons bien là la vraie pensée de Kant, nous citerions le deuxième exemple qu'il donne de proposition synthétique : « La ligne droite est le plus court chemin d'un point à un autre », ce qui pour lui était manifestement un postulat premier; et enfin nous nous reporterions à cette opinion formulée dans les *Prolégomènes* que la nature synthétique des jugements mathématiques ne s'oppose pas à la possibilité d'une démonstration analytique, mais suppose seulement des propositions synthétiques dont elle peut découler [1].

Et maintenant que nous comprenons bien pourquoi les démonstrations géométriques ne sont pas, aux yeux de Kant, réductibles à l'analyse, il nous est permis de nous demander si nous trouvons dans ses idées une réponse suffisante à la question que nous avons soulevée. Faut-il dire que si, sous sa forme

---

1. *Prolégomènes*, avant-propos, p. 27 (trad. nouvelle).

syllogistique, le raisonnement géométrique marche et progresse, c'est à cause des postulats que fournit l'intuition?

L'exemple arithmétique de Kant, qu'on a souvent une tendance à lui reprocher, était merveilleusement choisi au contraire, tel que nous l'avons interprété, pour rendre cette conclusion vraisemblable. Mais n'était-il pas justement trop bien choisi? Si on suppose que l'on n'ait pas pris soin d'inscrire, au début de l'arithmétique, comme on le fait d'ordinaire au commencement de la géométrie, les postulats fondamentaux relatifs aux nombres, on les rencontrera nécessairement à propos des problèmes les plus simples; et, soit qu'on les énonce franchement, soit qu'on les dissimule derrière des définitions habilement construites, il faudra bien compter avec eux et leur attribuer une bonne part du succès de la démonstration. Mais c'est là la part qu'il faut faire aux données irréductibles dont personne ne songe à contester la nécessité. Qu'on les énonce d'abord sous la forme qu'on voudra; qu'on les appelle, comme Euclide, notions communes, ou demandes, ou définitions, soit! mais si, après avoir dressé une liste plus ou moins longue, mais relativement restreinte en tout cas, de vérités premières, on énonce et on démontre, toujours comme Euclide, des propositions qui ne figuraient pas dans cette liste; si on construit un édifice gigantesque qui peut bien être considéré comme admettant cette base, mais qui la dépasse manifestement d'une hauteur prodigieuse, — la vraie question est d'expliquer comment cela est possible. Et on n'y a pas répondu parce qu'on a rappelé que l'intuition donne la base de l'édifice.

La nécessité du recours à l'intuition ne fournirait une réponse valable que si cette nécessité se poursuivait au cours de toutes les démonstrations, et s'il était vrai que pour chacune d'elles quelques nouveaux

appels à cette intuition en justifient seuls la légitimité. Mais vraiment peut-on dire qu'il en soit ainsi?
Que les géomètres ne parviennent pas aisément à
dresser la liste de tous les postulats qu'ils utilisent;
que parfois telle démonstration, où l'on n'a d'abord
rien vu qui ne dépendît de propositions explicitement énoncées, recèle quelque emprunt inconscient
à l'intuition, cela est possible. Mais les mathématiciens se sont habitués à montrer à cet égard une telle
exigence, et ont certainement acquis à ce point de
vue un flair si affiné, que tout le monde admettra
comme très restreint le nombre des cas possibles où
un traité de géométrie ou d'analyse utiliserait, sans
le dire, quelque postulat non expressément indiqué.
Pour la géométrie en particulier, on peut déjà sans
crainte appliquer cette remarque aux *Éléments* d'Euclide. Mais quand on n'oserait pas aller aussi loin,
qui voudrait contester que dans l'ensemble des démonstrations d'Euclide, il en est quelques-unes qui
ne font à l'intuition aucun emprunt *nouveau*? Or si,
pour un seul raisonnement géométrique, la conclusion ne figure pas dans l'ensemble de toutes les
propositions antérieurement admises ou démontrées,
et si cependant le géomètre y parvient sans s'appuyer sur autre chose que sur cet ensemble de propositions, sans *nouveau* recours à l'intuition, il faut
bien avouer que celle-ci n'explique pas comment se
réalise le progrès de la pensée.

Ainsi donc ce n'est pas de ce côté qu'il faut chercher.

Dans un intéressant article ayant pour titre « Sur
la nature du raisonnement mathématique », M. Poincaré donnait, il y a quelque temps [1], une solution
originale à la question que nous nous sommes posée.
La clé du mystère est, à ses yeux, dans un mode de

1. *Revue de Métaphysique et de Morale*, juillet 1894.

raisonnement spécial aux mathématiques, et qui se distingue d'un raisonnement syllogistique ordinaire en ce qu'il ne saurait être ramené à une chaîne d'un nombre fini de syllogismes : il s'agit de la démonstration *par récurrence*. On sait en quoi elle consiste. Pour établir une proposition dont l'énoncé est relatif à un nombre entier n quelconque, on démontre :

1° Que cette proposition est vraie pour $n = 1$;

2° Que, si elle est supposée vraie pour $n = p$, elle est vraie aussi pour $n = p + 1$. Puis on raisonne ainsi :

La proposition est vraie pour 1, donc elle est vraie pour 2; elle est vraie pour 2, donc elle est vraie pour 3; et ainsi de suite. Elle est donc vraie d'une façon générale pour un nombre quelconque n.

A chaque pas de ce raisonnement, il serait aisé d'exprimer ce que l'on dit sous forme syllogistique, appliquant à chacun des cas particuliers successifs que l'on considère la majeure générale : Si le théorème est vrai pour p, il est vrai pour $p + 1$. Si on se propose d'établir que le théorème est vrai pour un nombre particulier, 5, ou 8, ou 10, il saute aux yeux qu'on y parviendra à l'aide d'un nombre déterminé de ces raisonnements élémentaires : on aura construit un raisonnement syllogistique ordinaire; mais en revanche, dit M. Poincaré, on n'aura fait qu'une vérification particulière, et non pas une démonstration générale. Au contraire, si l'on veut établir la proposition pour tous les nombres, de façon à obtenir un théorème général, seul véritablement objet de science, il faut énoncer une infinité de syllogismes, il faut « franchir un abîme que la patience de l'analyste, réduit aux seules ressources formelles, ne parviendra jamais à combler ». Cet abîme se trouve franchi grâce au raisonnement par récurrence qui « permet de passer du fini à l'infini ».

Cette solution nous semble impliquer une idée

juste, mais elle a le tort, à nos yeux, de la dissimuler
et d'en diminuer l'importance par le fait qu'elle ne
la saisit qu'à travers un mode de raisonnement trop
particulier.

La méthode par récurrence ne s'emploie pas constamment. Nous donnât-elle vraiment le secret de la
puissance de l'esprit dans certaines parties des mathématiques, nous n'y apprendrions pas grand'chose
pour les raisonnements d'Euclide, et même pour les
démonstrations d'arithmétique pure qui aboutissent
à des conclusions générales sans employer manifestement cette méthode. A moins que, inconsciemment,
toutes les fois qu'une proposition est établie dans sa
généralité, il n'y ait au fond quelque chose de la
méthode par récurrence. Mais à nos yeux c'est le
contraire qui semble vrai; et cette méthode ne nous
paraît présenter aucun caractère logique qui ne se
retrouve dans les démonstrations habituelles des
mathématiques.

D'abord pourquoi veut-on qu'il soit ici particulièrement besoin d'une infinité de syllogismes? Tant
que le nombre en est fini, le raisonnement n'aboutit
qu'à une vérification particulière : est-ce bien sûr?
— Si, prenant le nombre 5, par exemple, j'énonce la
suite des raisonnements élémentaires qui conduisent
à cette conclusion : « La proposition est donc vraie
pour 5 », qu'importe ce qu'il peut y avoir de particulier à ce nombre, si le mode de démonstration est
général? Or la majeure qui sert pour chaque syllogisme est absolument générale : Si le théorème est
vrai de p, il l'est de $p + 1$. La raison de chaque
conclusion est dans ce fait que le nouveau nombre
suit le précédent, et non pas dans ce fait que c'est
tel nombre particulier venant après tel autre. Dès
lors la démonstration présentée pour 5, par exemple,
nous paraît avoir tous les caractères d'une démonstration générale. Quand, pour établir une propriété

d'un triangle, je commence par en tracer un sur le
papier, nécessairement particulier, désigné par des
notations particulières, qui songera à contester la
généralité du raisonnement, si seulement je ne m'appuie jamais sur aucun des caractères particuliers de
la figure? Ouvrez un traité d'arithmétique et voyez
la démonstration par laquelle on prouve, par exemple, que tout nombre qui divise un produit de deux
facteurs et qui est premier avec l'un deux divise
l'autre : si l'auteur raisonne sur des nombres déterminés, jugera-t-on qu'il ne fait qu'une vérification?

Halte-là, dira-t-on, le cas n'est pas le même. On
ne s'appuie en effet dans ces exemples sur aucun
caractère spécial à la figure ou aux nombres choisis,
tandis que la méthode par récurrence, appliquée au
nombre 5, s'appuie manifestement sur ce que 5 vient
après 4, lequel vient après 3, lequel suit 2, lequel
enfin suit 1. Elle ne sert donc véritablement que
pour 5.

Pardon! elle vaut pour tout nombre qui vient après
un autre, lequel vient lui-même après un autre, et
ainsi de suite, de telle sorte qu'on puisse revenir à 1
par une série d'un nombre fini et déterminé de pas
successifs. Or un nombre entier quelconque est dans
ce cas.

Tient-on à se débarrasser des notations arithmétiques et à démontrer le théorème non plus pour 5 mais
pour n, nombre fini et déterminé, mais quelconque,
en ce sens que nous ne voulons pas faire intervenir
sa valeur particulière ? Nous recommencerons la
série des raisonnements élémentaires :

Le théorème est vrai de 1, donc il l'est de 2 ;

Il est vrai de 2, donc il l'est de 3.

Supprimons ensuite ces mots « et ainsi de suite, —
ou et cetera », où l'on croit voir l'indice d'un abîme
caché, d'un infini mystérieux, et déclarons que, quel
que soit n, — du moment qu'il est supposé fini, —

on pourra atteindre n à l'aide d'un nombre fini de lignes analogues aux deux premières, où les nombres sont successivement remplacés par les suivants. Cela suffit pour que la démonstration soit complète.

Le sentiment de l'infinité de syllogismes venait peut-être de ce qu'on parlait d'une démonstration valable pour *tous les nombres* en même temps. Mais à quoi bon faire intervenir ici plus qu'en toute autre démonstration arithmétique l'ensemble infini des nombres entiers? N'est-ce pas tenir compte de tout ce que cette idée a de clair et d'efficace, que d'avoir en vue un nombre entier quelconque n? et la proposition mathématique n'atteint-elle pas ainsi toute sa généralité et toute sa signification?

Nous sommes loin de contester le droit de parler d'infinité dans le raisonnement mathématique; mais cette infinité, il nous répugne de la voir dans le nombre des syllogismes qu'il faudrait énoncer pour présenter sous forme logiquement complète telle sorte de démonstration. Nous la retrouvons toutes les fois que le mathématicien raisonne sur une notion générale, toutes les fois qu'il énonce une proposition générale, toutes les fois qu'il manie dans son langage un terme dont la signification est générale. L'infinité que recèle la méthode par recurrence n'a-t-elle pas figuré déjà avec toute sa puissance, toute son efficacité, toute sa signification, quand, avant le raisonnement final, on a, je ne dirai pas « démontré » mais seulement « énoncé » cette phrase: « Si le théorème est vrai pour p, il l'est pour $p + 1$. » Elle se trouve dans toute proposition d'arithmétique où il est question d'un nombre quelconque. Elle se trouve, *a fortiori*, peut-on dire [1], dans toute proposition de géométrie : « *Dans un triangle*, la somme des angles

---

1. Puisqu'il n'y a même plus de loi spéciale permettant de former les éléments successifs dans un certain ordre.

est égale à deux droits; *dans un cercle* les rayons
sont égaux; etc. » *Un triangle, un cercle,* qu'est-ce
que cela signifie, sinon tous les triangles, tous les cercles, que l'esprit pourra se représenter, n'importe
où dans l'espace, n'importe quand, dans n'importe
quelles circonstances, avec n'importe quelles déterminations particulières des côtés, ou du rayon, etc.?

Au surplus cette infinité, qui n'est en somme que
l'*indéfinité* des cas possibles, ne nous éloigne pas
autant qu'on pourrait croire de celle où M. Poincaré
a bien raison de voir « l'affirmation de la puissance
de l'esprit qui se sait capable de concevoir la répéti-
tion indéfinie du même acte, dès que cet acte est
une fois possible ». — Mais alors n'est-ce pas elle
aussi que nous retrouvons même dans un simple concept général ? Le seul fait pour l'esprit de former
une notion et de la définir par un ensemble de qualités caractéristiques, le fait de créer ainsi un objet
de pensée, ne s'accompagne-t-il pas nécessairement
de ce sentiment qu'on le repensera le même quand
on voudra, autant de fois qu'on voudra, dans des
circonstances indéfiniment variées ? Car infinité et
identité se rejoignent ici pour se fondre dans l'unité
consciente de l'esprit. Si la démonstration mathématique puise une partie de sa force dans cette infinité, — ce que nous sommes loin de contester, — ce
n'est pas le seul mode de raisonnement qui en pro-
fite. La pensée logique, partout où elle s'exerce, se
fonde sur elle, et c'est d'elle en particulier que le
syllogisme tire toute sa signification. Ainsi nous ne
trouvons pas de ce côté non plus quelque raison suffisamment claire de ce fait que les raisonnements de
la géométrie, tout en revêtant une forme syllogistique, ont le pouvoir de progresser, et d'accroître
sans cesse la connaissance théorique.

Le moment enfin venu de nous expliquer sur ce
point, oserons-nous dire tout naïvement et tout fran-

chement que nous ne croyons même pas à l'existence de la difficulté? Le syllogisme à nos yeux ne
s'oppose nullement à la marche en avant de la
pensée. La conclusion se présente en conformité
absolue avec les prémisses, mais encore faut-il que
les prémisses soient d'abord énoncées; et l'esprit,
dans le rapprochement qu'il fait de deux propositions, accomplit déjà un acte synthétique, qui suffirait à éloigner toute idée d'inertie et d'immobilité [1]. Il est bien clair que le choix des circonstances
particulières où la majeure va s'appliquer, c'est-à-
dire le choix de la mineure, est, à lui seul, la source
d'une quantité inépuisable de conclusions nouvelles
infiniment variées. Et il serait vraiment trop facile de
multiplier les exemples, pour que nous n'en laissions
pas le soin au lecteur. Le moindre raisonnement
déductif est d'ailleurs une chaîne de syllogismes :
l'activité de l'esprit, en dirigeant cette chaîne, en
appelant, après chaque syllogisme, un ensemble de
deux autres prémisses, trace elle-même la voie aux
conclusions nouvelles. Doute-t-on qu'ainsi la pensée
progresse véritablement? Il suffit, peut-être, pour
mieux le sentir, de dépouiller le raisonnement de la
forme logique et d'énoncer successivement les conclusions des syllogismes : Étant donné le triangle
ABΓ, prolongeons AB et AΓ en BΔ, ΓE; — prenons
sur ces droites des longueurs BZ, ΓH égales; — joignons BH, ΓZ; — les triangles ABH, AΓZ sont
égaux; — les droites BH, ΓZ sont égales; — les
angles ABH, AΓZ sont égaux; — les triangles BΓZ,
BΓH sont égaux; — les angles ΓBH, BΓZ, sont égaux;
— les angles ABΓ, AΓB sont égaux; C. Q. F. D.

Mais nous voudrions insister sur ce que, en mathématique surtout, la forme syllogistique ne gêne pas
le mouvement de la pensée. Ceux qui ne compren-

1. Cf. Paul Janet, *Revue philosophique*, août 1881.

nent pas que ce mouvement puisse s'accommoder de
l'appareil logique, songent plus ou moins à ce type
de raisonnement où, une propriété étant affirmée de
tous les individus d'un groupe, on conclut qu'elle
appartient à l'un d'eux en particulier. Ceux-là sont
d'ailleurs les mêmes qui souligneront le plus vivement le cercle vicieux. Mais nous avons vu quelle
distance, à cet égard, sépare cette sorte de raisonnement du syllogisme géométrique. Les propositions
générales qui servent ici de majeures sont pour le
géomètre qui veut s'en servir des formules relatives
aux constructions qu'il voudra édifier. Ce sont des
prescriptions pour qui voudra théoriser : comment
arrêteraient-elles la marche de la pensée qui s'y con-
formera, puisque au contraire elles sont destinées à
la guider? Les définitions, demandes, notions communes, placées en tête du livre d'Euclide, signifient
en somme : « Quand on maniera des droites, on se
rappellera qu'on peut les prolonger suivant leur
direction; quand on aura deux points quelconques,
c'est une des constructions qu'on pourra effectuer,
que de les joindre par une droite; etc. » Un théorème
général : « La somme des angles d'un triangle est
égale à deux droits » signifie : « A propos de tout
triangle que l'on construira, si on veut faire intervenir la somme des angles, on tiendra compte de ce
qu'elle est égale à deux droits ». Donner des indications sur la façon dont il faut marcher, prescrire
certaines précautions, cela empêche-t-il de marcher?
Disons à un voyageur : « Suivez les chemins faits de
telle sorte, allez à pied sur telles routes, à cheval sur
telles autres; — si vous changez de direction, tournez
à droite dans tel cas, à gauche dans tel autre, etc. »
Multiplions les recommandations de ce genre, toutes
relatives au voyage que notre homme est sur le point
d'entreprendre : songerons-nous à nous demander si,
pour les suivre, il va rester immobile? Le voyageur,

dans le cas de la géométrie, c'est l'esprit qui va prendre son essor et se livrer, sur les éléments qu'il s'est donnés, à des constructions sans fin. Les formules générales auxquelles il devra se conformer, et qui sont d'abord les définitions et postulats fondamentaux, ne sont pas d'ailleurs de nature à amortir son élan et à ralentir sa marche : mais bien plutôt elles l'invitent à aller de l'avant, elles écartent les restrictions, car elles lui disent que le domaine à parcourir est illimité et homogène dans tous les sens, et s'adapte merveilleusement à son pouvoir de se répéter à l'infini [1].

*
* *

Mais si la forme syllogistique ne gêne pas l'essor de la pensée, ce n'est du moins pas elle qui détermine la marche en avant. Le géomètre y tient-il vraiment? Voyez Descartes. Pour lui, les pas successifs du raisonnement géométrique sont franchis à la clarté de la lumière naturelle : ils forment une suite d'intuitions directes, qui n'aurait que faire de l'appareil scolastique. — Mais n'y a-t-il pas quelque exagération chez Descartes? Certes jamais aucun géomètre ne consentira à exposer patiemment ses démonstrations sous la forme d'une série de syllogismes complets. Euclide est déjà fort minutieux, trop parfois à notre gré, et il est loin de présenter chaque détail du raisonnement en alignant consciencieusement les trois propositions réglementaires. Mais n'est-il pas vrai cependant qu'en tout cas ce qui manque aux syllogismes est véritablement sous-entendu? Si, en s'interrogeant soi-même, on ne sent pas suffisamment que les intermédiaires supprimés sont indispensables pour amener une conviction par-

<hr>

1. Cf. Liard, *Définitions géométriques*, p. 66.

faite, qu'on songe à la manière dont on persuadera les autres, et il est certain que la seule façon de faire tomber tous les doutes sur la rigueur d'un raisonnement qu'on expose, sera précisément de rétablir, pour chaque affirmation, le syllogisme complet dont elle est la conclusion.

D'où vient donc cette vertu magique de la déduction? Il importe de s'arrêter quelques instants à ce problème : ce sera d'ailleurs pour nous l'occasion de nous demander si vraiment la rigueur démonstrative est tellement liée à la forme logique elle-même qu'il faille déclarer également rigoureux tous les raisonnements syllogistiques.

L'idée qui vient le plus naturellement à l'esprit, quand on veut se rendre compte de la valeur démonstrative du syllogisme, c'est d'abord de songer au principe d'identité. Peut-on interpréter un syllogisme de telle sorte qu'on se sente ramené par lui à affirmer que « A est A »? Soit le syllogisme :

> Tout A est B ;
> Or C est A ;
> Donc C est B.

α. — Si nous essayons de traduire en extension, nous pouvons dire :

> A est « une partie de B » ;
> C est « une partie de A » ;

Donc C est « une partie d'une partie de B », c'est-à-dire « une partie de B ».

Avons-nous ramené chacune des affirmations à une identité? Non évidemment, car :

1° Il est faux que A et « partie de B » soient identiques. Lors même que nous indiquerions exactement dans quel rapport précis cette partie est au tout, le sujet et l'attribut de la proposition ne seraient pas exactement les mêmes : et la preuve c'est qu'on passe de A à B en ajoutant quelque chose à A, tandis qu'on passe de B à A en ôtant quelque chose à B[1];

2° La conclusion n'est autre que la mineure où j'ai remplacé A par « une partie de B »; mais puisque, d'après la remarque précédente, il n'y a pas identité entre ces deux termes, de quel droit ai-je substitué l'un à l'autre? — On dira peut-être qu'il suffit que les propositions énoncent des égalités numériques, pour que cette substitution soit permise.

$$A = \text{fraction de } B;$$
$$C = \text{fraction de } A;$$
$$C = \text{fraction de « fraction de } B » = \text{fraction de } B.$$

Je remplace, dans une égalité numérique, un terme A par un autre, « fraction de B », qui lui est numériquement égal. Mais il s'agit d'un rapport qui n'est pas l'égalité absolue, l'identité, comment me donne-t-il ce droit? Il faut bien, pour répondre à une pareille question, énoncer d'abord, d'une façon générale, que l'égalité numérique autorise la substitution de termes égaux comme l'identité elle-même, ce qui déjà est différent du principe d'identité. En appliquant ensuite le postulat général ainsi posé au cas que nous considérons, c'est un syllogisme en forme que l'on énonce; de sorte que finalement cette prétendue justification logique d'un syllogisme se fait elle-même par un syllogisme, dont la majeure est un postulat.

β. — Essayons d'interpréter notre syllogisme en compréhension. La majeure signifie que l'attribut B se trouve parmi ceux de A; B est dans A. Pour que je puisse voir là l'affirmation d'une identité, il faut que je fasse abstraction de tous les attributs de A autres que B; il faut que dans A je ne voie que B, de

---

1. Cf. Boutroux, *De la contingence des lois de la Nature.* chap. i.

façon à donner à la première proposition cette signification : B est B [1]. Pour la mineure, il faut une double réduction : d'abord je dois ramener C à n'être qu'un de ses attributs A, et celui-ci à n'être qu'un de ses attributs B; de sorte que C devient B et que la mineure ne fait que répéter ce que disait la majeure : B est B. C'est aussi ce que dira la conclusion; et finalement le syllogisme sera devenu :

$$B \text{ est } B;$$
$$B \text{ est } B;$$
$$B \text{ est } B.$$

Nous aurons atteint peut-être à la véritable identité; mais le syllogisme a disparu; il n'en reste qu'une ombre uniforme où tout est venu se confondre. Pour le justifier, nous l'avons supprimé.

Ce serait une illusion de croire que le principe de contradiction puisse réussir là où échoue le principe d'identité. Qu'on essaie en effet, après avoir énoncé : « tout A est B, — C est A », de dire : il serait donc contradictoire que C ne fût pas B. Resterait à dire avec quoi cela serait contradictoire. Avec les prémisses sans doute, mais pourquoi? sinon parce qu'on fait d'abord résulter de ces prémisses — sans le dire explicitement — qu'elles entraînent nécessairement : C est B. Socrate non mortel serait contradictoire avec cette vérité que tout homme est mortel, mais pourquoi? sinon parce que, tout homme étant mortel, et Socrate étant homme, il doit être mortel. La contradiction qui nous choque c'est tout simplement que Socrate fût à la fois mortel et non mortel : elle n'apparaît dans notre pensée que si d'abord nous avons accepté la rigueur du syllogisme.

Peut-on, à défaut des principes d'identité ou de contradiction, invoquer quelque formule générale

1. Cf. Winter, *Revue de Métaphysique et de Morale*, 1894.

dont l'évidence s'impose? On connaît celles-ci : *Quidquid de omnibus valet, valet etiam de quibusdam et singulis; — l'espèce d'une espèce d'un genre est une espèce de ce genre; — le contenu du contenu est contenu dans le contenant; etc.* Quel que soit celui de ces principes auquel on s'arrête, on ne saurait y voir un fondement logique de la rigueur du syllogisme, par la raison bien simple que, pour passer de la formule générale au cas d'un syllogisme, quel qu'il soit, il faudrait encore un syllogisme.

Nous devons donc renoncer à une justification logique du syllogisme. Ce n'est pas de ce côté que nous trouverons la cause de la satisfaction qu'il nous donne, du besoin que nous avons d'y recourir. Aussi bien le problème est essentiellement subjectif, et c'est d'une explication psychologique qu'il faut nous contenter. Le syllogisme est la forme type, la forme élémentaire la plus simple, du mouvement de la pensée qui veut comprendre, c'est-à-dire qui veut savoir le pourquoi, la *raison* d'une affirmation quelconque. Comprendre, pour nous, n'est-ce pas faire disparaître le *nouveau* d'une chose qui heurte notre pensée en faisant rentrer cette chose dans le connu, dans ce que déjà l'esprit s'est assimilé? N'est-ce pas par conséquent réduire le fait nouveau à n'être qu'un cas particulier d'un fait ancien plus général? L'esprit est ainsi naturellement conduit, en présence d'une affirmation qu'il veut justifier, à en chercher la raison dans une autre plus générale d'où il redescende ensuite par déduction à celle qui l'intéresse. Si on voulait un principe fondamental du syllogisme, on pourrait nommer ici, à l'exemple de Schopenhauer, le *principe de raison*; — à la condition de viser par là non point une formule objective qui serait toujours séparée du syllogisme par un nouveau syllogisme, — mais la racine même de notre faculté de comprendre et de connaître.

De ce point de vue combien peu nous sommes surpris de n'avoir pu expliquer la valeur du syllogisme
par aucun des principes qui nous étaient proposés.
Et nous ne faisons pas allusion seulement à ceux qui
manifestement, exprimant une idée générale objective, ne pouvaient être utilisés qu'en devenant eux-
mêmes des majeures de syllogismes ; nous visons
aussi le principe d'identité et en même temps le principe de contradiction. Après tout en effet qu'est donc
ce principe « A est A »? S'il a un sens, si la pensée
sort du repos pour exprimer une idée, quelle qu'elle
soit, quand ces mots sont prononcés, c'est que ce
verbe *est* marque un rapport effectif. Mais il faut
alors justifier le droit de répéter après lui le sujet
lui-même, et il ne saurait y avoir d'autre justification
que dans le sens même de ce mot *est* : ce qui revient
finalement à dire que ce fameux principe d'identité,
énoncé à propos de A, se déduit de la signification
générale de la copule *est*. Sinon il faudrait, pour le
comprendre, anéantir tout mouvement de la pensée,
saisir l'esprit dans une inertie complète, dans l'immobilité absolue. Comment un pareil principe d'immobilité eût-il pu expliquer le mouvement de l'intelligence qui veut connaître?

Peut-être aussi acceptera-t-on plus volontiers maintenant de parler de raisonnements déductifs plus ou
moins rigoureux : le syllogisme étant la démarche
de la pensée qui s'efforce de comprendre, rien ne
s'oppose à ce que cette démarche soit plus ou moins
aisée, à ce que cet effort soit plus ou moins efficace
suivant les cas. Montrons que le syllogisme géométrique se présente justement avec des avantages spéciaux [1].

1. Notre intention est ici de répondre aux reproches que
M. Winter adressait à notre thèse sur la *Certitude logique*,
dans l'article si intéressant et si bienveillant que nous avons
déjà cité.

Envisageons d'abord la majeure, c'est-à-dire la proposition générale énonçant la raison que réclame l'esprit. Peut-on dire qu'elle soit plus certaine en géométrie que dans tel autre domaine, dans les sciences naturelles ou en sociologie, ou même dans les circonstances ordinaires de la vie courante? C'est là une question mal posée, car il faudrait savoir quel est le degré d'objectivité que l'on donne à la certitude dont il s'agit; et nous n'y répondrons pas. Nous ne venons donc pas dire : le syllogisme mathématique satisfait mieux l'esprit parce qu'il repose sur des principes assurés. Ce qui nous importe ici, c'est que le géomètre, en énonçant ses définitions ou ses axiomes, *veut* les poser comme principes généraux dans sa marche intellectuelle. Ce sont en un sens des conventions qu'il decrète lui-même, des vérités qu'il crée dans certaines limites, — dans les limites où il peut créer, engendrer, à l'aide de ses propres ressources, les éléments sur lesquels portent ces vérités. Nul doute que le domaine mathématique ne soit celui où la pensée peut le mieux réussir à construire ainsi elle-même l'objet de son étude. Les propositions générales qui fournissent les majeures des syllogismes sont là, plus que partout ailleurs, des affirmations tellement subjectives qu'en les énonçant, l'esprit se sent le plus voisin possible de ce qui est sa chose propre, de la chose qu'il comprend le mieux, et qui a le moins besoin de se rattacher elle-même à une autre raison, puisque c'est ce qu'il a *créé*, c'est ce qu'il a *voulu*.

En second lieu, quand le syllogisme nous fait passer de la majeure « tout A est B » à la conclusion « cet A est B », le rapport n'est-il pas particulièrement étroit entre ces deux propositions extrêmes? Ne peut-on pas dire presque que l'esprit en les énonçant successivement se répète lui-même, ou du moins exprime une seule et même chose? Qu'est-ce en effet que tout « A »? tout cercle, tout triangle, toute

droite? nous l'avons déjà remarqué : c'est plus que
partout ailleurs un indéterminé, visant quelque détermination future. C'est tout cercle, tout triangle, que
la pensée géométrique examinera dans des circonstances quelconques. Séparé de cette sorte de réalisation future, ce « tout cercle », « tout triangle »,
n'est rien. Ces mots ne prendront leur signification
totale qu'à la condition d'achever de se déterminer
dans le futur, dès qu'il sera question de problèmes
où entrent cercles et triangles. Ils représentent en
puissance des éléments qui devront passer à l'acte
pour devenir objets de pensée. — Mais en même
temps, lorsque se fait ce passage à l'acte, quand le
géomètre considère tel cercle, tel triangle, quelle
est la nature de cet objet qu'il soumet à son étude?
— On pouvait dire, en un certain sens, il est vrai,
que dans le syllogisme classique, « Socrate » réalisait
dans un cas particulier la notion d'humanité, mais
que de caractères spéciaux il faudrait énumérer pour
donner quelque idée, soit au point de vue physique,
soit au point de vue moral, de ce qui fait que Socrate
est tel homme et non pas tel autre. Ici, au contraire,
quand le géomètre a dit : Du point O comme centre
je décris un cercle de rayon OA », ou bien : « Je
trace le triangle ABC », n'est-ce pas un minimum de
conditions particulières, juste nécessaire pour qu'une
chose déterminée soit substituée à une chose indéterminée, qui se trouve distinguer ce cercle, ce triangle,
du cercle ou du triangle en général? La figure que
l'on a sous les yeux peut être plus ou moins étrange,
le rond peut être plus ou moins parfait, les côtés du
triangle plus ou moins droits, les lignes plus ou
moins épaisses, tracées avec un crayon qui les colore
en rouge ou en bleu, ou avec la craie sur un tableau
noir, ou dans le sable par une main plus ou moins
habile, qu'importe? Ce cercle, ce triangle, ce n'est
pas ce que voient les yeux du corps, mais bien ce

que, à l'occasion de cette figure, contemplent les
yeux de l'esprit, c'est-à-dire la définition qu'il a formulée une fois pour toutes, l'idée qu'il a tant contribué à fixer lui-même, l'essence qui lui est particulièrement intelligible puisqu'elle a été, le plus que
c'est possible, l'œuvre de son activité propre. En
deux mots, il repense à cet instant ce qu'il a pensé
une fois déjà. Au lieu de dire qu'il fait rentrer un cas
particulier dans un plus général en appliquant à « ce
cercle » ce qu'il avait énoncé de « tout cercle », il est
plus exact encore de dire que, dans des circonstances
nouvelles, à l'occasion de quelque nouveau problème,
il reste fidèle à lui-même; il se conforme à l'attitude
qu'il a décidé désormais de prendre; il repense, il
reveut ce qu'il a pensé et voulu. On peut bien parler
d'identité pour faire sentir ce qu'il y a de particulièrement rigoureux dans le syllogisme géométrique,
mais qu'on y prenne garde : il ne s'agit pas de cette
identité sans vie, sans force, immobile et inféconde,
qui aurait même quelque peine à se formuler en un
jugement véritable. L'identité dont nous rapproche
le syllogisme géométrique est une identité vivante,
c'est celle de la pensée qui marche, et qui, dans son
mouvement continu, sent le besoin de rester d'accord
avec elle-même, de se répéter fidèlement, de vouloir
indéfiniment ce qu'une fois elle a voulu.

S'il est permis maintenant de parler de rigueur
plus ou moins parfaite dans le raisonnement syllogistique, ce n'est pas seulement pour opposer le domaine
mathématique à tout autre. Dans celui-là même le
géomètre se déclarera d'autant plus satisfait que son
esprit se sentira plus rapproché de lui-même, pour
ainsi dire, — que l'objet de ses études se prêtera
plus aisément à une intelligibilité complète, à une
assimilation parfaite, — qu'il se prêtera mieux au
mouvement de sa pensée une et identique dans ses
répétitions, — que cet objet sera donc plus homo-

gène, plus dénué de toute qualité sensible ou intuitive, qu'il s'approchera davantage enfin de la quantité pure. C'est ainsi que l'analyse, de plus en plus dégagée de l'intuition géométrique, paraîtra en même temps de plus en plus rigoureuse. C'est ainsi qu'en géométrie même, moins l'intuition interviendra dans la démonstration, plus elle séduira le mathématicien. Nous n'insisterons pas ici sur ces remarques qui ont fait l'objet d'un chapitre de notre « Essai sur la certitude logique ». Nous avons voulu seulement achever de justifier notre thèse, en présentant les choses sous un jour quelque peu différent, et en nous réclamant aujourd'hui, moins d'une identité logique, objective et statique, pour ainsi dire, que de l'identité subjective et dynamique de la pensée.

Note complémentaire.

Nous avons parlé du syllogisme dans cette étude, comme s'il n'existait que la première figure. C'est que non seulement nous pensons, avec Aristote, que c'est la forme vraiment scientifique, la forme essentielle du syllogisme; mais aussi nous continuons à croire, comme Kant, malgré les efforts ingénieux qui ont été tentés de notre temps pour prouver le contraire, que les deux autres figures se ramènent sans difficulté à la première. Nous choisirons un exemple pour faire comprendre notre pensée. Soit ce syllogisme de la deuxième figure :

> Nul A n'est B;
> Tout C est B;
> Nul C n'est A.

Il suffit de renverser la première proposition pour se ramener à ce syllogisme de la première figure :

> Nul B n'est A;
> Tout C est B;
> Nul C n'est A.

Toute la question est de savoir ce qui autorise la conversion de la majeure. Si la légitimité de ce procédé s'établit à l'aide d'un syllogisme qui ne soit pas de la première figure, la conversion n'est plus permise, et les deux figures sont irréductibles l'une à l'autre. Or justement, d'après M. Lachelier, c'est ce qui arrive, et voici le syllogisme sur lequel on se serait fondé pour passer de « Nul A n'est B » à « Nul B n'est A » :

> Nul A n'est B;
> Tout B est B;
> Nul B n'est A.

Il est manifestement de la deuxième figure. Cela prouve à nos yeux que la conversion peut se justifier comme on l'indique, mais non point qu'elle ne puisse se justifier autrement. Le raisonnement que voici nous semble réussir aussi bien, et même avoir l'avantage d'aller plus droit au fond des choses. Il repose sur la signification même de ces mots : Nul A n'est B, d'après laquelle l'idée exprimée par ce jugement relativement aux deux termes est symétrique, pour emprunter un mot au langage mathématique. Cette proposition peut en effet se traduire ainsi : A et B s'excluent l'un l'autre. L'universelle affirmative « A est B », qu'on l'interprète en extension ou en compréhension, attribue aux deux termes des rôles réciproques différents, parce que, de toute façon, il faut entendre que l'un contient l'autre, et que le rapport de contenant à contenu n'est pas identique au rapport de contenu à contenant. Au contraire, l'universelle négative énonce un rapport d'exclusion, d'extériorité totale de l'un des éléments par rapport à l'autre. Dans le premier cas, les ronds d'Euler se comprenaient l'un l'autre; dans le second, ils sont complètement extérieurs l'un à l'autre. Ce que le premier est au second, le second l'est au premier. Il est clair d'après cela que l'exclusion réciproque de deux éléments peut se traduire de deux façons, exprimant l'une et l'autre la même idée absolument : ou bien « nul A n'est B », ou bien « nul B n'est A », et ces deux propositions peuvent se remplacer l'une l'autre en toutes circonstances puisqu'elles ont exactement le même sens.

Rien de plus simple d'ailleurs, si l'on y tient, que de mettre notre raisonnement sous la forme d'un syllogisme de la première figure. Désignons par Z cette qualité d'une proposition d'énoncer relativement à deux termes A, B, un rapport tel qu'ils jouent l'un à l'égard de l'autre des rôles identiques. Nous dirons :

Majeure. — Toute proposition Z peut être convertie;

Mineure. — La proposition « nul A n'est B » est Z;

Conclusion. — La proposition « nul A n'est B » peut être convertie.

Nul doute qu'en chacun des autres cas on ne justifie la conversion par un raisonnement analogue, quand on ira tout droit à la raison essentielle qui autorise cette conversion, c'est-à-dire évidemment au sens précis de la proposition dont il s'agit.

V

SUR LA NOTION DE LIMITE EN MATHÉMATIQUE

(DIALOGUE PHILOSOPHIQUE)

A. — Vous l'avouerai-je? toutes les fois que je vois
intervenir dans les traités de géométrie ou d'analyse
la notion de limite, je me sens troublé ; je ne vois plus
clair. Il me semble que le livre où je m'instruis
cesse d'être un ouvrage de mathématiques, ou encore
que l'auteur du traité fait appel, pour le besoin de
ses démonstrations, à quelque chose de mystérieux,
comme les savants du moyen âge, à bout de ressources, invoquaient sans hésiter des causes cachées
qu'ils décoraient des plus beaux noms... Je crois bien
que je ne suis pas le seul à demander de la lumière ;
mais ce qui me frappe, c'est la tranquillité sereine,
le calme parfait avec lequel se déroulent dans les
traités ces suites de propositions qui me surprennent
si étrangement. Entre nous, je me demande parfois
si les mathématiciens ont conscience de toutes les
difficultés qu'ils soulèvent eux-mêmes.

B. — Quelles difficultés peuvent bien vous troubler
dans la notion de limite? Lorsqu'une quantité varie,
s'il arrive que sa différence avec une quantité fixe
finisse par tomber au-dessous de n'importe quelle
valeur assignée d'avance, on dit qu'elle a pour limite
cette quantité fixe. Le nombre 0,999... a pour limite 1,

quand le nombre des chiffres décimaux croît indéfiniment, car la différence avec 1 est $\frac{1}{10^n}$ si l'on prend n chiffres. La somme $1 + \frac{1}{2} + \frac{1}{2^2} + \dots + \frac{1}{2^n}$, dont la valeur est $2 - \frac{1}{2^n}$ a pour limite 2, quand n grandit indéfiniment. N'est-ce pas très clair?

A. — Eh quoi! vous acceptez sans sourciller ce fait d'un quantité qui doit passer par une suite illimitée d'états pour en atteindre un définitif? Ne faut-il pas prendre un nombre infini de 9, pour que votre nombre 0,999... atteigne la valeur 1? et de même n'est-ce pas un nombre infini de termes qui séparent la somme $1 + \frac{1}{2} + \dots + \frac{1}{2^n}$, quel que soit n, du nombre limite 2?

Vous me direz encore très tranquillement, je le sais, que la longueur de la circonférence est la limite du périmètre d'un polygone inscrit dont le nombre des côtés augmente à l'infini; mais je ne peux aussi aisément que vous entrevoir cette infinité réalisée. Ou bien je considère le terme, ce que vous appelez la limite, et alors je ne peux y rattacher la chose variable, qui à mes yeux en reste séparée par un abîme infranchissable; ou bien je vois l'élément qui varie, mais ne peux le suivre jusqu'au terme de sa variation, et cesse par conséquent de saisir le fait de la limite.

B. — Vous ne m'avez sans doute pas compris : qui vous demande de saisir tant de choses étranges? Lorsque je dis : le nombre 0,999... a pour limite 1, voici ce que j'entends : Fixez-moi un nombre aussi petit que vous voudrez : $\frac{1}{1\,000\,000}$, par exemple. Il suffira d'écrire au moins 6 chiffres décimaux pour que la différence entre 1 et le nombre variable tombe au-dessous de cette valeur.

A. — Fort bien, et puis?

B. — Et puis c'est tout, je ne veux pas exprimer autre chose; c'est tout ce que contient la définition de la limite.

A. — Libre à vous de le croire, mais c'est précisément alors en quoi vous vous trompez : si vous dites que le nombre 0,99... a pour limite 1, cela implique évidemment que le nombre s'approche de la valeur 1 jusqu'à l'atteindre. La valeur 1 se trouve engendrée par une sommation spéciale de nombres. Avoir une limite, pour une chose variable quelconque, n'est-ce pas synonyme d'atteindre une limite? Une limite qui ne s'atteint pas n'en est pas une. Portez vos regards sur le monde qui s'offre à vos yeux, et où nous puisons tous les éléments de nos pensées. Si le débit d'une source diminue jusqu'à épuisement, vous présenterez le tarissement comme la limite de cette diminution. La nuit absolue qui succède au crépuscule pourra s'appeler la limite de la lueur décroissante du jour. Le repos complet d'un pendule ébranlé, dont les oscillations seront de moins en moins sensibles, est la limite d'un mouvement de plus en plus faible. Tous ces exemples et une infinité d'autres ne nous montrent-ils pas la limite comme un dénouement, comme un terme d'une série d'états? Il ne saurait donc y avoir le moindre doute; quand on parle de limite, on sous-entend une variation qui se termine. Or, je ne comprends pas ce que peuvent être vos suites illimitées qui aboutissent à un dernier élément.

B. — Je vous en prie, ne comparez pas mes exemples aux vôtres. Ils appartiennent à deux mondes distincts. Quand vous me montreriez l'univers entier attestant, par les spectacles infiniment divers qu'il offre à nos yeux, qu'une limite est le terme effectif d'une suite d'états antérieurs, cela me laisserait indifférent. Je vous ai dit ma définition, elle laisse com-

plètement en dehors d'elle-même le fait de savoir si
la limite est ou non atteinte.

A. — Mais c'est de l'arbitraire!

B. — Peut-être, cela m'est égal.

A. — Vous vous attribuez le droit d'ôter d'une
notion, certainement commune à tous les êtres qui
pensent, quelque chose d'aussi essentiel?

B. — Pourquoi pas? — Ma notion à moi est celle
que détermine exactement ma définition : je n'ai pas
à en connaître d'autre.

A. — Je ne demanderais pas mieux que de vous
suivre sur ce terrain, mais prenez garde, après avoir
posé ainsi une définition arbitraire, de vous mettre
en contradiction avec vous-même dans l'usage que
vous en ferez désormais. Que de fois n'ai-je pas lu
dans vos traités un raisonnement de ce genre :
Ayant une égalité $X = Y$ entre deux expressions
variables X, Y, qui ont pour limites respectives
L, L', on passe à la limite, et on écrit $L = L'$. Dans ce
passage, contesterez-vous que l'on suive chacune
des variables jusqu'à l'instant où elles deviennent
L et L'?

Pour citer un exemple plus précis, si vous cher-
chez à déduire un élément quelconque relatif à une
tangente (soit l'angle qu'elle fait avec une direction
fixe), du même élément relatif à la corde qui joint
deux points infiniment voisins, ne faites-vous pas
tourner la corde jusqu'à ce qu'elle se confonde avec
la tangente, sa position limite? Si vous arrêtiez en
chemin cette rotation, de quel droit continueriez-vous
à étendre à la tangente les équations établies pour
la corde? Pour moi, j'y vois une explication : vous
suivez les éléments variables jusqu'à ce qu'ils atteignent leurs limites, et vous appliquez, comme vous
dirait Leibniz, le principe de raison suffisante. Il n'y
a pas de motif pour que les équations vraies pour
tous les états successifs des éléments ne restent pas

indéfiniment vraies, jusqu'au moment compris où ils
se transforment en leurs limites.

B. — Libre à vous de trouver là une explication;
mais ma seule définition me permet de vous en
donner une autre, à laquelle vous reconnaîtrez au
moins l'avantage de se passer de toute espèce de
principe : Si j'ai établi l'égalité X = Y, c'est que, à
chaque instant de la variation, les valeurs de X et
de Y sont les mêmes : la différence entre X et sa
limite L est donc égale à la différence entre Y et L,
et si la première finit par tomber au-dessous de
toute valeur, il en est de même de la seconde ; ce qui
revient à dire, d'après ma définition même, que Y a
aussi pour limite L. En d'autres termes, les limites
de X et de Y sont égales. Le passage à la limite n'est
que dans les mots, la conclusion en est indépendante.

A. — J'entends, mais laissez-moi vous soumettre
une question qui vous oblige à descendre de vos
généralités, et où il faudra bien prendre parti sur ce
point de savoir si la limite sera ou ne sera pas
atteinte. Je veux parler du fameux problème d'Achille
et de la tortue. Achille va 10 fois plus vite que la
tortue qui, au moment du départ, a une avance de
10 mètres par exemple. Quand Achille aura franchi
cette avance, la tortue aura parcouru 1 mètre; la
distance qui les sépare sera donc de 1 mètre. Quand
Achille l'aura franchie, la tortue aura parcouru $\frac{1}{10}$ de
mètre; ce sera la nouvelle distance des deux cour-
siers, qui deviendra après chaque instant le 10e de ce
qu'elle était avant cet instant. Vous savez comment
concluait Zénon. Cette distance, devenant indéfiniment le dixième de ce qu'elle était, ne sera jamais
nulle : Achille n'atteindra jamais la tortue. J'imagine, si je me suis suffisamment pénétré de vos
procédés, que votre réponse est toute prête. La

suite $1 + \dfrac{1}{10} + \dfrac{1}{10^2} + \ldots$ des chemins que parcourt

la tortue a pour limite $\dfrac{10}{9}$, quand le nombre des élé-

ments croît indéfiniment. D'un autre côté, en suppo-
sant le mouvement uniforme, et la vitesse de la tortue
égale à 1, pour fixer les idées, la somme des durées

des chemins successifs $1 + \dfrac{1}{10} + \dfrac{1}{10^2} + \ldots$ a aussi

pour limite $\dfrac{10}{9}$ de seconde. Et vous en concluez que

la rencontre aura lieu dans $\dfrac{10}{9}$ de seconde, à une dis-

tance du point de départ de la tortue égale à $\dfrac{10}{9}$ de

mètre. N'admettez-vous pas en raisonnant ainsi que
les deux quantités variables — le chemin parcouru
et la durée du chemin — atteignent l'une et l'autre
leurs limites?

B. — Au risque de vous surprendre beaucoup peut-
être, je vous déclare que je n'ai aucune envie de
raisonner de la sorte.

A. — Alors vous acceptez la conclusion de Zénon?

B. — Nullement, mais si son raisonnement ne
prouve pas à mes yeux que la rencontre n'a pas lieu,
celui dont vous me supposez coupable ne démontre-
rait pas davantage qu'elle eût lieu.... Je m'explique :
Rien n'est plus vrai que cette affirmation de Zénon,
que, après chaque parcelle de chemin parcouru, la
distance deviendra le dixième de ce qu'elle était, et
cela indéfiniment. Mais il faut s'entendre sur le sens
de ce dernier mot : il signifie « si grand que soit le
nombre de petits chemins dont je ferai la somme ».
Il est bien clair que prendre le 10ᵉ d'un nombre, puis
le 10ᵉ du résultat obtenu, et ainsi de suite, forme une
série d'opérations sans fin, que je peux pousser aussi
loin que je veux. En procédant de la sorte, je ne peux

tomber sur le point ou sur l'instant de la rencontre.
Mais qu'est-ce que cela prouve?

A. — Cela prouve d'abord un fait des plus importants, qui justement ne vous frappe pas assez, à mon avis, c'est que notre esprit ne peut embrasser d'un même coup une suite illimitée d'éléments supposée complète. C'est qu'il y a là pour lui une chimère incompréhensible.

B. — Sans doute, mais si intéressante que soit cette propriété négative de notre esprit, elle ne saurait avoir aucun rapport avec l'existence ou la non-existence de la rencontre. Si notre regard a cherché dans le ciel une étoile particulière et ne l'a point trouvée, qui s'avisera de conclure qu'elle n'y est pas? Vous disposez peut-être d'instruments trop faibles, ou plutôt, la comparaison sera plus exacte ici, vous ne savez pas explorer toutes les parties du ciel. Vous l'avez dit : la suite des chemins, comme celle des durées, a pour limite $\frac{10}{9}$. Si nombreux que soient ces chemins ou ces durées, lorsque vous en faites la somme, vous trouvez un nombre inférieur à $\frac{10}{9}$. La conclusion rigoureuse n'est donc pas ici : la rencontre n'aura pas lieu ; mais : en deçà d'un point situé à une distance de $\frac{10}{9}$ de mètre du point de départ de la tortue, en deçà d'une durée égale à $\frac{10}{9}$ de seconde commençant à l'instant du départ, la rencontre n'aura pas lieu.

A. — Et c'est tout?

B. — C'est tout ce que permet d'affirmer un raisonnement rigoureux, relativement à l'existence de la rencontre.

A. — Je crains que vous ne vous fassiez trop modeste, par peur de vous contredire. Voyons, n'êtes-vous, pas convaincu comme moi, que la rencontre se fera, et justement à la distance et au bout du temps que mesure le nombre limité?

B. — Parfaitement, mais cette conviction a une double origine. J'admets d'abord que la rencontre a lieu : c'est là un fait qui s'impose à moi comme à vous, sans que les mathématiques y soient pour rien; et celles-ci interviennent alors pour en fixer l'instant. Le chemin total parcouru par la tortue peut être en effet envisagé comme limite du chemin variable parcouru à un instant donné. Comme celui-ci est mesuré par la somme variable $1 + \dfrac{1}{10} - \dfrac{1}{10^2} + \cdots \dfrac{1}{10^n}$, dont la limite est $\dfrac{10}{9}$, le chemin total est égal à $\dfrac{10}{9}$ et de même pour la durée.

A. — Enfin je vous y prends! Vous identifiez le chemin total parcouru avec la limite $\dfrac{10}{9}$. Cela n'implique-t-il pas que vous voyez dans cette dernière limite un terme effectivement atteint?

B. — Nullement. Que la rencontre soit considérée comme une limite réellement atteinte, cela est évident; mais c'est un fait étranger aux mathématiques. La limite de la somme $\dfrac{1}{10} + \cdots \dfrac{1}{10^n}$ ne cesse pas de répondre à ma définition. En l'égalant à la limite concrète du chemin parcouru, je sous-entends seulement que celui-ci satisfait aux exigences de la définition mathématique, à savoir, que la différence entre elle et le chemin variable tombe au-dessous de toute valeur. Que de plus la limite concrète remplisse d'autres conditions, cela m'est indifférent. En résumé : Si on donne le fait de la rencontre, et qu'on demande d'appliquer les mathématiques à la recherche de l'instant où il a lieu, la notion de limite, telle que je l'ai définie, permet bien de résoudre rigoureusement la question. Si l'on ne donne pas le fait *a priori*, elles autorisent seulement une conclusion négative : la rencontre n'a pas lieu en deçà de certaines limites.

A. — Laissez-moi du moins enregistrer cet aveu : pour être conséquent avec votre définition, vous n'avez pu affirmer, par la considération des suites illimitées, l'existence de la rencontre.

B. — Mais reconnaissez de votre côté que l'impuissance ne survient qu'au moment d'une application concrète, et qu'en eux-mêmes mes raisonnements restent absolument rigoureux.

A. — Nous verrons plus tard, je ne suis encore qu'au début de mes objections. Admettons que vous rejetiez par votre définition le souci de savoir si la variable atteint ou non sa limite. Une autre difficulté saute aux yeux, que cependant vous ne semblez pas voir : Tout ne devient-il pas incompréhensible si par sa nature même cette limite ne peut pas s'atteindre ? Or c'est ce qui arrive : le terme dont l'élément variable s'approche indéfiniment est le plus souvent d'une espèce nouvelle, différant par son essence même de l'élément variable. La limite et la chose variable répondent à des définitions distinctes. Pour me borner à un exemple courant, la circonférence est envisagée comme limite d'un polygone, dont le nombre des côtés croît indéfiniment. Mais si grand que soit ce nombre, nous ne cessons jamais d'avoir un polygone, une figure formée de droites, essentiellement distincte d'une circonférence. Dites tant que vous voudrez que vous ne suivez pas les polygones jusqu'à leur transformation en circonférence, il n'est pas moins vrai que vous leur donnez une limite incompréhensible. Il y a là, avouez-le, comme un mystère dont l'explication se trouve enveloppée dans un autre, la réalisation d'une infinité d'éléments. C'est sous le couvert de cette dernière monstruosité

9.

facilement et inconsciemment reconnue capable des
conséquences les plus étranges, que vous vous per-
mettez de faire un cercle avec un polygone d'une
infinité de côtés!

B. — Que de fantômes effrayants auxquels je me
verrais en butte, si je ne me souvenais mieux que
vous de mes définitions! Lorsque pour moi un élément variable a une limite, cet élément est une *quantité* et la limite est une quantité de même espèce. Si
je ne l'ai pas dit, il est clair que je l'ai sous-entendu,
puisque j'ai parlé de la différence entre ces deux
quantités. Je n'ai nulle envie, croyez-le bien, d'introduire en mathématiques la notion d'une différence en
qualité, que pourraient présenter deux êtres de
structure différente. La qualité n'est pas mon fort; je
la rejette autant qu'il m'est possible, pour ne m'attacher qu'à la quantité. Vous me faites dire que la circonférence est la limite des polygones inscrits, mais
si je me suis jamais exprimé de la sorte, ce ne peut
être qu'une façon de parler. Prise à la lettre cette
locution est à mes yeux dépourvue de sens. Polygones, circonférence, ce sont là pour vous des êtres
doués d'une certaine forme déterminée, et vous
pensez que je peux dire : la première forme se modifie au point de se fondre dans la deuxième. Que
vous me connaissez peu! Ces figures ne m'intéressent
que comme *occasions de quantités*, si je peux m'exprimer ainsi. Or parmi les quantités dont elles suggèrent l'étude se trouve, par exemple, leur longueur.
Et quand j'énonce cette proposition : la longueur de
la circonférence est la limite des périmètres des polygones inscrits, je donne à ceux-ci pour limite une
quantité de même espèce, de l'espèce longueur.

A. — C'est jouer sur les mots : je ne saurais
admettre que la longueur d'une ou plusieurs droites
soit une quantité de même espèce que la longueur
d'une courbe. La différence de deux longueurs de

nature aussi diverse ne m'est pas moins incompréhensible que la différence de deux formes. Il faudrait que je pusse concevoir, pour les dire de même espèce et les comparer raisonnablement, des fragments de droite coïncidant avec des portions de la circonférence, une ligne brisée pouvant s'appliquer sur le cercle. Vous le voyez, nous en revenons toujours à la transformation mystérieuse du polygone en cercle.

B. — Parce que vous revenez sans cesse à la figure concrète du cercle. Mais encore une fois elle n'existe pas pour moi. Le mot longueur ne désigne qu'une seule espèce de quantité, à savoir la distance rectiligne de deux points; quand je parle de la longueur de la circonférence, j'ai en vue *par définition* la limite des périmètres des polygones inscrits.

A. — Vraiment, c'est merveilleux! et vous êtes parfait dans l'art d'escamoter les difficultés. Il vous suffit de décréter que la longueur de la circonférence sera cette limite, pour qu'elle le soit!

B. — Mais sans doute, pourvu que je n'y voie jamais autre chose.

A. — Savez-vous au moins si votre définition s'accorde avec la réalité? Si vous avez à calculer le tour d'une roue connaissant son rayon, ou la longueur d'un fil enroulé autour d'une bobine, de quel droit, appliquant les conclusions de vos raisonnements théoriques, y substituerez-vous les limites de polygones inscrits?

B. — Je n'en sais rien, ni ne veux le savoir. Ma mathématique est rigoureuse, et cela me suffit. Qu'on suppose réalisée dans un être concret la propriété qui caractérise ma notion de la longueur de circonférence, et mes conclusions s'appliqueront d'elles-mêmes. Retirez cette hypothèse, et il n'y a plus lieu de faire appel à ma géométrie. Je confectionne un outil aussi parfait que possible, à vous de voir, à vos risques et périls, dans quel cas il sera opportun de s'en servir.

A. — Eh bien, puisque vous voilà si modeste en présence de la moindre application, j'aurais mauvaise grâce à insister. J'accepte que la longueur de la circonférence soit par définition la limite des polygones inscrits, du moins je suis en droit de vous demander : Ces polygones ont-ils une limite? où est cette quantité fixe, cette longueur déterminée, dont les périmètres approcheront indéfiniment?

B. — Votre question est légitime, et je veux y répondre. Considérez d'une part une suite illimitée de polygones inscrits se succédant d'après une loi arbitraire, telle seulement que le nombre des côtés croisse indéfiniment, et que tous les côtés tendent simultanément vers zéro. En même temps, considérez les polygones circonscrits que j'appellerai correspondants : ils s'obtiendront en menant les tangentes à la circonférence en tous les sommets de chaque polygone inscrit. Je peux vous démontrer les deux propositions suivantes :

1° Les périmètres p_1, p_2, ... p_n des polygones inscrits sont inférieurs à un quelconque des périmètres P_1, P_2, ... P_n des polygones circonscrits; 2° La différence $P_n - p_n$ de deux polygones correspondants peut être rendue aussi petite qu'on veut, pouvu qu'on prenne n assez grand.

A. — J'admets ces propriétés, et vous fais grâce de leur démonstration.

B. — Mais alors c'est fini : il existe une longueur comprise entre les deux suites de périmètres, et qui est leur limite commune L.

A. — Pardon, il y a évidemment malentendu. Je n'exigeais pas la démonstration des deux propriétés que vous avez énoncées, mais une fois posées ces vérités, comment raisonnez-vous?

B. — Je ne raisonne plus. La longueur L s'en déduit immédiatement.

A. — Vous voulez rire?

B. — Pas le moins du monde.

A. — Mais si vous êtes sérieux, dites-moi, je vous prie, de quel droit vous passez de vos deux suites de longueurs à une longueur limite? Quand vous considériez le nombre 0,999... et que vous disiez : 1 en est la limite, je pouvais comprendre : La différence entre 1 et 0,999... est successivement $\frac{1}{10}$, $\frac{1}{100}$, $\frac{1}{1000}$,... elle tombe au-dessous de toute valeur. De même la somme $1 + \frac{1}{2} + \frac{1}{2^2} + \ldots$ tend vers 2 parce que sa différence avec 2 devient aussi petite que je veux, c'est entendu. Toutes les fois qu'une quantité fixe est connue telle qu'une autre, variable, s'en approche indéfiniment, vous voyez dans la première la limite de la seconde, soit; mais vous heurtez vraiment la complaisance la moins rebelle, quand, à propos de nos suites de périmètres, vous faites brusquement sortir de terre une quantité limite, comme un *Deus ex machina*. Car enfin, d'où sort-elle, cette longueur limite? Où est-elle, quelle est-elle, comment est-elle? Vous m'affirmez que les périmètres en approchent indéfiniment? Mais le sens même de votre affirmation m'échappe si je ne sais pas quelle est cette chose dont ils approchent indéfiniment. Soyez sincère : vous me demandez, renonçant à la démontrer, d'admettre l'existence d'une telle limite, au nom d'un postulat qui se glisse entre le début de votre raisonnement et la conclusion. Ce postulat vous paraît si facile à accepter que vous n'avez pas conscience du trou qu'il fait dans la suite des déductions. Et cependant, ce trou est un abîme. Je me représente aisément sur une droite les longueurs OA_1, OA_2,... OA_n, puis OB_1, OB_2,... OB_n, des périmètres inscrits et circonscrits, et vois nettement deux séries de points, les A et les B, dont les premiers restent tous en deçà des seconds, et enfin tels que la distance de deux points

A_n, B_n devienne aussi petite qu'on veut. Mais c'est là tout ce qui est clair dans ma représentation. Quand j'essaie de resserrer les points en augmentant leur nombre, je ne change rien d'essentiel à cette image, la distance du point A le plus éloigné au point B le plus rapproché reste toujours une distance appréciable. Pour qu'elle s'évanouisse définitivement, ce n'est plus un nombre de points de plus en plus grand qu'il me faut voir, c'est un nombre infini. Vous voulez que je prolonge mes deux suites en sens opposé jusqu'à ce qu'elles se rejoignent, ne dites plus : de façon qu'elles se rapprochent autant que je voudrais. Non, votre longueur limite n'a de sens que si ces deux suites se rejoignent ; elle n'existe pas sans cela! Ne croyez pas échapper à la difficulté en me disant que vous considérez la plus grande des longueurs OA_n, ou la plus petite des longueurs OB_n, ces longueurs maximum et minimum ne m'apparaissent encore que par la prolongation jusqu'à son dernier élément d'une suite illimitée. Avouez que j'ai bien le droit de frémir, à vous voir sous-entendre de sang-froid un fait aussi inconcevable.

B. — Il eût été dommage d'interrompre cette critique que me vaut bien innocemment ma démonstration! Si vous voulez m'entendre maintenant, sachez d'abord que je n'ai jamais eu la moindre envie de vous faire accepter comme évidentes de jolies fantaisies, que je comprends du reste aussi peu que vous. Quand des propriétés établies sur les suites p_1, p_2,... p_n et P_1,... P_n, je conclus à une longueur limite commune, je ne prétends pas démontrer quelque chose de plus! je n'aperçois pas *a priori*, et ne connais pas, indépendamment de mes deux suites, une longueur que je songe à leur comparer : j'en crée une, non pas *à l'aide* des suites prolongées jusqu'à leur dernier terme (le ciel me préserve d'une telle audace), mais *à propos* de ces suites, ce qui n'est pas la même chose.

A. — Expliquez-vous. Je vois bien poindre à l'horizon une de ces définitions fantastiques qui vous servent à fuir toutes les difficultés,... mais j'avoue cette fois que votre procédé m'échappe.

B. — C'est bien simple, deux séries illimitées de longueurs géométriques satisfaisant aux conditions que vous savez, peuvent toujours être considérées comme définissant une longueur nouvelle.

A. — Laquelle?

B. — Une longueur supérieure à toutes les premières, et inférieure à toutes les autres.

A. — Je ne la vois pas; prouvez-moi qu'elle existe.

B. — Je n'ai rien à prouver : elle existe parce que je le veux, comme tout être mathématique qui reçoit l'existence d'une définition. Au surplus, nous n'entendons peut-être pas dans le même sens ce terme d'existence. Tandis qu'il s'agit pour vous de je ne sais quelle consistance plus ou moins concrète de l'objet, j'ai conscience, moi, que je crée des fictions. L'existence est concevable pourvu que rien ne soit contradictoire dans les conditions qui la définissent, voilà tout. Eh bien, il me plait, toutes les fois que je suis en présence de deux suites de longueurs satisfaisant aux mêmes conditions que nos périmètres, d'inventer, le mot ne me fait pas peur, une longueur supérieure aux premières et inférieure aux secondes : à vous de l'accepter ou, sinon, de dire pourquoi vous n'en voulez pas.

A. — Je ne peux accepter une définition à la fois aussi vague et aussi arbitraire : vague, parce que je ne sens pas *a priori* qu'une chose unique soit déterminée par elle; arbitraire, parce que je me demande si je peux même en concevoir une.

B. — Regardez de plus près : quelles sont les conditions qui définissent la nouvelle longueur? Elle doit être comprise entre celles des deux séries. Il suffit, pour qu'il n'y ait là rien de contradictoire, que toutes les longueurs de la deuxième soient supérieures à celles de la première, condition réalisée par hypothèse. Et ensuite, le fait que la différence des périmètres inscrits et circonscrits tombe au-dessous de toute valeur, empêche évidemment qu'il y ait plus d'une longueur satisfaisant à ma définition.

A. — Sur ce dernier point nous serons facilement d'accord ; j'accepte qu'il ne puisse y en avoir plus d'une, mais l'unique longueur possible, je ne la vois pas encore. Vous vous contentez de me dire : les conditions auxquelles elle doit satisfaire ne se contredisent pas, cela ne suffit pas. Vos fictions, vos inventions, ne sont pas des êtres exclusivement logiques. Vous raisonnez ici comme si les conditions, auxquelles vous soumettez la longueur limite, la constituaient par elles-mêmes. Ces conditions ne sont que des propriétés ajoutées à d'autres. Vous en affublez un objet qui existe déjà par lui-même et possède des attributs déterminés, puisqu'il appartient au genre *longueur*. Me voilà bien avancé, de savoir que vos attributs accessoires sont compatibles entre eux ; c'est pour moi un détail presque insignifiant : sont-ils compatibles avec l'essence qui caractérise la longueur, la longueur indéterminée ? Parmi les déterminations particulières que peut affecter l'étendue rectiligne, s'en trouve-t-il une qui réponde à vos conditions ? Voilà la vraie question.

B. — Nous ne sommes pas près de nous entendre si vous ne consentez à vous débarrasser de certaines chimères, qui semblent vous tenir fort à cœur. Quelle est cette essence de la longueur, ou de l'étendue rectiligne antérieure ontologiquement aux déterminations que je construis ? Je ne la connais pas, ni ne veux la connaître. Une longueur n'existe pas pour moi autrement que déterminée, que limitée ; et un état de longueur, ou une longueur particulière a droit à l'existence, pourvu seulement que les propriétés de quantité qui la conditionnent ne soient pas contradictoires. Vous me direz que c'est encore là de l'arbitraire : contentez-vous, je vous prie, de me voir rester conséquent avec moi-même. J'ai mon espace, mon étendue, ma longueur. Leur essence n'est autre chose que le contenu de mes définitions. Vous demandez si j'ai bien le droit d'associer certaines conditions de quantité à l'être qui constitue l'étendue rectiligne. Songez que dans la notion même de longueur ou de distance de deux points, je fais entrer, par définition, si vous voulez, que l'association soit toujours possible, pourvu que ces conditions ne soient pas contradictoires entre elles. Si vous protestez, je vous dirai simplement que votre espace n'est pas le mien, que vos longueurs ne sont pas les miennes.

A. — Ainsi donc, voilà jusqu'où vous devez fuir, loin du domaine de pensée commun à tous les hommes, pour vous mettre à l'abri des objections, et assurer la rigueur de vos raisonnements. Si les difficultés ne disparaissent qu'à ce prix, je comprends en vérité la répugnance que doivent inspirer encore aux meilleurs esprits les branches des mathématiques fondées sur la notion de l'infini. On a disputé près de deux siècles sur la légitimité du calcul infinitésimal, je n'en suis pas surpris; comme il a dû sembler à nos pères qu'on rompait définitivement avec l'ancienne mathématique....

B. — On a disputé deux siècles, parce qu'il n'est pas aussi aisé que vous pensez peut-être de dissiper tous les nuages à l'aide de définitions. Il ne suffit pas, en face d'une difficulté qui paraît insoluble, de dire : les choses seront ainsi parce que j'en conviendrai. Une élaboration est avant tout nécessaire pour démêler, par une minutieuse dissection des raisonnements, les points précis sur lesquels reposent les démonstrations, et pour les dégager des données plus

ou moins confuses qui se présentent d'abord avec
toute leur obscure complexité. Ce travail d'élaboration, au seuil d'une branche nouvelle des mathématiques, est au fond comparable à celui qui a été la
condition indispensable à la formation même de ces
sciences. Comme celui-là, il a pour effet l'énonciation de quelques propositions précises, condensant
en elles-mêmes tout ce qu'il faut de matière nouvelle
pour le chapitre qui commence. Ces propositions
n'ont plus qu'à devenir des définitions pour que la
chaîne des déductions qui paraissait rompue soit
enfin renouée. Mais lorsque, grâce à de longs efforts,
parfois inconscients, les mathématiciens ont rendu la
rigueur à leur science, sachez admirer l'importance
de ce beau résultat. Lui seul garantit le caractère
mathématique des études nouvelles, qu'avaient senti
d'instinct les premiers chercheurs. On ne l'avait pas
attendu pour cultiver ces études, et, ne fût-il jamais
atteint, leur ensemble n'en formerait pas moins un
domaine précieux et fécond pour l'intelligence humaine. Seulement, nous ne serions plus en droit
d'affirmer qu'il se présente comme une suite naturelle de la géométrie et de l'analyse. Mais maintenant que, pour ce qui concerne le calcul infinitésimal, le problème de reconstruction logique est
résolu, et que pleine satisfaction nous est donnée....

A. — Au prix que nous savons....

B. — ...j'ai peine à comprendre votre étonnement:
n'est-ce pas à ce même prix, c'est-à-dire à la condition de se créer un monde de fictions, que les mathématiques doivent leur existence même, en tant que
sciences rigoureuses? — N'est-ce pas dès le début
qu'il entre dans leur nature, et leur tendance, de *fuir
les difficultés*, comme vous dites, en se retranchant
derrière les notions, dont l'existence n'est due qu'à
leurs définitions? Lorsque, à l'occasion de deux
suites illimitées de longueurs, j'ai voulu en consi-

dérer une nouvelle, comprise entre elles, il vous a
semblé que c'était là un acte sans précédent en mathématiques, et vous avez réclamé à grands cris qu'on
vous en montrât la légitimité. Eh bien! prenons un
exemple plus simple : qu'à propos d'une longueur
AB, je vienne à parler de la *moitié* de cette longueur,
comme cela arrive si souvent dans les commence-
ments mêmes de la géométrie, songerez-vous à faire
la moindre objection? il ne vous viendra pas à l'idée
de me dire : « C'est très bien de définir la *moitié* de
AB une longueur qui, ajoutée à elle-même, reproduise
AB; mais encore faut-il montrer qu'il existe un être
répondant à cette définition. Les conditions de quantité auxquelles vous l'assujettissez ne sont pas contradictoires, soit! mais qui m'assure que l'essence de
l'étendue rectiligne est compatible avec elles? » Et,
en vérité, vous n'auriez pas moins raison de parler
ainsi que dans notre exemple de tout à l'heure. Si
l'existence garde pour vous ce sens concret, auquel
vous semblez tenir, vous n'avez qu'un moyen
d'échapper ici à la difficulté, c'est d'admettre sans
démonstration, sous la forme d'un postulat, approprié
à votre cas, que, étant donnée une longueur, il en
existe une autre qui en est la moitié : Cela revient
en somme à reconnaître dans la suite des déductions
géométriques, un trou non moins infranchissable
que votre abîme de tantôt. Pour rétablir la continuité
de la chaîne logique, il faut bien, que vous en ayez
conscience ou non, consentir à ce qu'une longueur,
pour le géomètre, ne soit pas autrement définie que
par des relations de quantité; il faut bien renoncer,
dès le début de toute considération géométrique, à
faire intervenir cette essence qui n'aurait qu'à revêtir
une détermination particulière pour devenir une certaine longueur; il faut enfin que la distance de deux
points soit pour nous une notion absolument adéquate à la quantité pure.

A. — Mais si vous dites vrai, pourquoi donc est-on si peu d'accord parmi vous quand il s'agit de choisir entre les longueurs ou les nombres abstraits pour définir toutes les déterminations possibles de la quantité pure? Vous savez comme moi que les valeurs incommensurables, par exemple, ne sont pas présentées partout de la même manière. On les introduit comme limites de suites de valeurs approchées, mais les uns veulent que ces valeurs soient représentées par des longueurs, et c'est une longueur limite qu'ils donnent pour la signification du nombre nouveau; les autres excluent toute espèce de longueurs, et ne consentent à manier que des symboles numériques. Pensez-vous qu'on soit aussi convaincu que vous le dites de l'équivalence mathématique du nombre et de la longueur?

B. — La divergence d'opinions que vous signalez est peut-être un dernier écho des discussions sans fin qu'ont suscitées chez les mathématiciens eux-mêmes les notions d'infini et de continuité. Mais, au fond, elle se réduit à peu de chose, et il me semble facile de signaler les points de vue distincts qui correspondent aux diverses opinions. Prenons, par exemple, la définition de la racine cubique de 2. Les notions élémentaires d'arithmétique suffisent pour le calcul de deux suites de nombres $a_1, a_2, \ldots a_n$, et $b_1, b_2, \ldots b_n$ tels que les cubes des premiers sont inférieurs à 2, les cubes des seconds supérieurs à 2, et tels en outre que la différence $b_n - a_n$ tombe au-dessous de toute valeur assignée d'avance. Eh bien, voici, je crois, à quoi on peut ramener les différentes façons d'en tirer racine cubique de 2. Les uns considèrent deux suites illimitées de longueurs mesurées par les nombres $a_1, a_2, \ldots a_n$, — $b_1, b_2, \ldots b_n$, et, jugeant alors d'après ce que leur montre une intuition claire de l'étendue rectiligne, ils considèrent comme évident que les deux suites de points formées par les extrémités des longueurs se rejoignent en un point déterminé. A ceux-là s'appliqueraient vos critiques de tantôt, s'ils avaient la prétention de donner à cette évidence un caractère logique. Mais il n'en est pas ainsi le moins du monde, ils se contentent de poser là une sorte de postulat semblable à celui des parallèles, ou à tout autre dont on peut avoir besoin à un instant donné, renonçant très modestement à le démontrer. Ceux-là sont dans la vérité *historique*, sinon mathématique. Car il est bien évident que l'existence concrète de cette longueur limite apparaît malgré nous dans cette représentation que vous voudriez rejeter, faute de l'expliquer. Qu'on le comprenne ou non, notre esprit est doué d'une faculté avec laquelle il faut bien compter, c'est d'entrevoir, sans cependant pouvoir s'y conduire par degrés, le terme idéal d'une variation indéfinie. N'est-ce pas ainsi que nous passons de l'image d'un fil ou d'un rayon, en diminuant de plus en plus son épaisseur, à la conception d'une droite infiniment mince? N'est-ce pas ainsi qu'en atténuant de plus en plus les rugosités d'une surface, nous arrivons à nous former l'idée d'une surface parfaitement polie? C'est peut-être en ce fait que consiste au fond celui de la continuité que nous attribuons aux objets de l'intuition. Quoi qu'il en soit, un postulat qui se fonde sur lui peut s'énoncer avec une conviction égale à celle qu'entraînent les axiomes fondamentaux de la géométrie. Et ceux qui se contentent de l'appliquer dans les questions que nous examinons ensemble, ne mériteront pas pour cela le reproche de rompre avec les méthodes de géométrie ancienne.

Mais enfin le postulat avoué est un appel direct à l'intuition, il invoque un fait inexplicable et, à cause de cela, doit disparaître. De là une deuxième tendance opposée : supprimer toute longueur, ne voir que des suites de nombres, se débarrasser de ce que la notion de nombre contenait encore, à savoir une loi particulière de formation qui ne s'appliquait qu'aux nombres entiers ou fractionnaires, et convenir que les deux suites servent à définir un symbole nouveau, qu'on appellera encore un nombre, et qu'on dira compris entre les deux suites. Voilà le procédé que vous trouvez aujourd'hui dans la plupart des traités d'analyse. Il suit évidemment, dans l'évolution naturelle des idées, la méthode fondée sur l'intuition, ne s'explique même complètement que par elle, mais enfin rend possible désormais sans postulat l'introduction des incommensurables.

Si l'on y regarde de près, ce dernier procédé repose sur la généralisation de la notion de nombre. D'abord assujetti à revêtir la forme entière, puis la forme d'une fraction, le nombre finit par devenir un symbole dans la définition duquel la forme n'entre plus du tout. C'est du reste ici encore un cas particulier de la tendance mathématique à atténuer le rôle de la qualité, à l'exclure même autant que possible.

Enfin, il est facile de substituer aux symboles purs des longueurs, à la condition bien entendu de ne plus voir ce substratum prétendu continu que donne l'intuition, sans quoi nous reviendrions à la première méthode. Les longueurs, dénuées de tout ce qui touche à leur forme, et prises, par définition, comme pouvant satisfaire à toutes conditions de quantité non contradictoires, serviront aussi bien que les nombres à définir toutes les déterminations de la quantité. La crainte d'utiliser sans démonstration quelque donnée de l'intuition ne doit pas empêcher de reconnaître l'identité absolue des deux méthodes, c'est-à-dire l'équivalence parfaite des deux notions mathématiques de nombre et d'étendue rectiligne, une fois dépouillées l'une et l'autre de tout contenu formel.

A. — Vous concluez à cette identité en vous fondant en somme sur votre définition de la distance....

Décidément, il y a trop de définitions dans vos éclaircissements. Elles font votre sécurité, et ce sont elles au contraire qui troublent la mienne. Vous regardez à travers des verres trop adaptés à votre usage personnel; ce qui m'intéresse le plus est précisément ce dont ils cachent la vue.

B. — Tant pis pour vous, si vous n'êtes pas ébloui par ce qu'ils laissent voir, je veux dire par la lumineuse clarté de l'idée, de la notion intelligible.

VI

PENSÉE PURE ET INTUITION

(NOTE SUR LA GÉOMÉTRIE GRECQUE.)

Que l'histoire de la pensée scientifique peut être
d'un grand secours au philosophe, préoccupé des
conditions où se forme et progresse la connaissance
humaine : cela n'est plus à prouver. Nous voudrions
seulement ici demander à la géométrie grecque un
enseignement sur un des problèmes les plus généraux de la philosophie scientifique : nous voulons
parler du rôle de l'idée théorique, de la pensée pure
vis-à-vis de l'application. L'opposition de ces termes
n'a évidemment rien d'absolu. La mathématique, dans
son ensemble, représente l'idée, quand on la met en
regard de toutes les autres sciences plus ou moins
concrètes; mais dans le domaine propre de ce qui
s'appelle d'ordinaire la mathématique pure, on voit
bien vite les méthodes suivre des directions différentes selon que le géomètre est plus ou moins
exigeant pour la pureté de l'idée, et qu'il écarte de
plus en plus les qualités relativement sensibles et
concrètes de l'intuition, pour se réfugier dans l'intelligible pur, là où l'esprit semble n'avoir affaire qu'à
lui-même, c'est-à-dire dans la quantité, dont la formation semble résider dans le pouvoir de la pensée de se
répéter autant qu'elle veut, tout en restant identique

à elle-même. C'est ainsi qu'à la géométrie s'oppose l'analyse qui semble trouver en celle-là la première occasion de s'appliquer. C'est ainsi encore que, même dans l'analyse, les notions fondamentales ne se présentent pas de la même façon à tous les esprits. S'il s'agit, par exemple, de la généralisation progressive du nombre, il est possible, pour la comprendre, de faire plus ou moins appel à l'intuition, et de voir à des degrés divers, dans les progrès successifs de la pensée mathématique, des postulats de cette intuition ou au contraire des constructions quantitatives de l'esprit [1]. D'ordinaire, le géomètre moderne se montre si vivement attiré vers toute méthode qui l'éloigne de l'intuition qu'il semble souvent exagérer son besoin d'intelligibilité, et qu'aux yeux de beaucoup de penseurs, il tombe dans un symbolisme artificiel, soit par son désir de substituer à outrance le calcul aux constructions géométriques, soit par sa tendance à chasser l'intuition naturelle de toute notion qu'il utilise. Ne semble-t-il pas renverser systématiquement l'ordre des deux termes théorie et pratique, idée pure et application, de façon à créer cette illusion que le premier terme aurait quelque sens, quelque raison d'être sans le second? On croit souvent qu'il y a là comme une mode de notre temps, un changement de direction en tout cas par rapport à la mathématique grecque, qu'on oppose d'ordinaire à l'analyse des modernes. On se trompe; et nous voudrions justement mettre en évidence, par quelques exemples simples et d'ailleurs bien connus, que l'effort du mathématicien pour s'attacher à l'idée pure ne date pas d'aujourd'hui et que dès lors il doit avoir, pour se justifier, des raisons plus profondes qu'on ne le croit d'ordinaire.

1. Voir la première partie de la thèse de M. Couturat, *De l'infini mathématique.*

I. — Notre premier exemple sera relatif à la théorie des coniques. Aujourd'hui, pour les définir, on écrit le polynôme général du second degré en x et y et on l'égale à zéro. Lorsqu'on est amené ensuite à montrer dans les lignes que représente une telle équation précisément ces courbes si connues, ellipse, hyperbole, parabole, antérieurement étudiées en géométrie élémentaire, à l'aide de leurs propriétés focales, ou comme sections planes d'un cône, quel est l'étudiant, si peu méditatif qu'il soit, que cette constatation ne remplit pas de quelque étonnement? N'est-ce pas justement une de ces circonstances où l'on croit le plus vivement sentir la distance qui nous sépare de la pensée géométrique telle que l'ont maniée les anciens? Et pourtant, en retrouvant, à l'aide d'une relation du second degré entre x et y, entre l'abscisse et l'ordonnée, des courbes que l'on connaissait déjà comme sections d'un cône, nous retombons, après un détour, sur le procédé même qui servit à l'origine à les définir et à les étudier. Le géomètre grec, dans sa théorie des coniques, n'allait pas du problème concret au problème abstrait, de la ligne tracée sur un cône par un plan sécant aux relations quantitatives auxquelles elle peut donner naissance, et dont elle est l'occasion, — mais au contraire il allait de l'abstrait au concret, de la quantité à la qualité, de certaines relations, étudiées déjà pour elles-mêmes, à un problème concret qui en fournissait une application naturelle.

Un passage du commentaire de Proclus sur Euclide nous permet, sur le témoignage d'Eudème ici invoqué, de faire remonter l'origine de la théorie aux Pythagoriciens eux-mêmes qui auraient déjà traité le fameux problème de la *parabole des aires*. Un cas particulièrement simple fait aisément comprendre en quoi consistait essentiellement ce problème. Soit une longueur AB et une aire S, on demande ou bien de construire une longueur AC telle que le rectangle de côtés AB, AC ait une aire égale à S; ou bien de construire AC tel que le rectangle de côtés AB, AC, augmenté du carré de AC, BDEF, ait une aire égale à S; ou bien enfin de construire AC tel que le rectangle de côtés AB, AC, diminué du carré de AC, ait une aire égale à S.

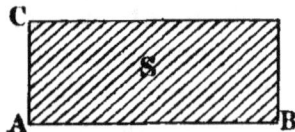

Le premier problème est celui de la parabole simple, le second, celui « de la parabole en *hyperbole* d'un carré », le troisième est le problème de « la parabole en *ellipse* d'un carré ». Dans notre langage moderne nous dirions simplement qu'on se propose de trouver une longueur x satisfaisant à l'une des trois équa-

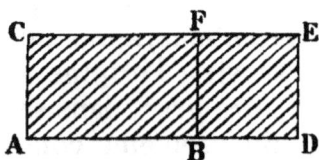

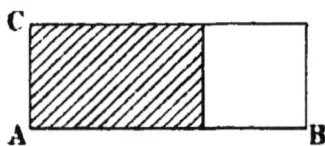

tions $S = ax$, $S = ax + x^2$, $S = ax - x^2$; et il suffit de s'exprimer de la sorte, ne changeant rien d'ailleurs à la signification elle-même du problème, pour faire sentir à quel point on est bien ici sur le domaine propre de la quantité. Au fond il ne s'agit de rien moins que de la construction des racines d'une équation du second degré[1].

La fameuse question de la « section d'or » — ce que nous appelons « division d'une droite en moyenne et extrême raison », — est un cas particulier de ce problème. Si en effet AB est une droite donnée, on se propose de trouver x tel que $AB \times (AB - x) = x^2$,

---

1. Cf. Paul Tannery, *De la solution géométrique des problèmes du second degré avant Euclide* (*Mémoires de la Société des sciences physiques et naturelles de Bordeaux*, t. IV).

ou encore tel que $AB \times x + x^3 = AB^3$. Il s'agit donc de faire sur AB la parabole de l'aire du carré de AB, en hyperbole d'un carré. — Ce n'est pas ainsi que, dans le livre II, Euclide énonce cette question. Au livre VI seulement se trouvent présentés le langage et les solutions du problème de la parabole des aires, — solutions généralisées d'ailleurs en ce sens que le rectangle de nos exemples simples est remplacé par un parallélogramme, et que le carré en excès ou en défaut est remplacé par un parallélogramme semblable à un parallélogramme donné. Voici d'ailleurs les énoncés d'Euclide :

PROP. XXVIII. — A une droite donnée appliquer (παρὰ τὴν δοθεῖσαν εὐθεῖαν ... παραβαλεῖν) un parallélogramme égal à une figure rectiligne donnée et qui soit défaillant (ἐλλεῖπον εἴδει) d'un parallélogramme semblable à un parallélogramme donné.

PROP. XXIX. — A une droite donnée appliquer un parallélogramme égal à une figure rectiligne donnée et qui soit excédent (ὑπερβάλλον εἴδει) d'un parallélogramme semblable à un parallélogramme donné.

Pour traduire ces énoncés en langage moderne, il suffit de généraliser les relations simples du premier cas, et d'y substituer celle-ci : $S = ax + Kx^2$, les trois cas $K = o$, $K > o$, $K < o$, correspondant à la parabole simple, à la parabole en hyperbole, à la parabole en ellipse.

Voilà donc jusqu'ici étudiées par le géomètre grec des relations purement quantitatives; car, pour ne pas trouver en eux un algorithme spécial semblable au nôtre, et pour ne voir que des carrés, des rectangles, ou des aires de parallélogrammes, là où nous substituons les termes ax, Kx^2, nous n'en saisissons pas moins ce qu'il y a au fond de la pensée des Grecs. Les distinctions parabole, ellipse, hyperbole ne répondent nullement à des courbes de telle ou telle forme, mais uniquement à des constructions quantitatives se présentant dans telles et telles conditions.

Quel rapport va donc exister entre ces constructions théoriques et la section plane d'un cône? — Ce n'est même pas dans Euclide, à la suite des questions abstraites pures, que nous pourrions trouver l'application au problème concret. Il nous faut ouvrir le livre d'Apollonius pour comprendre le rapport de celui-ci à celles-là.

Soit, dit Apollonius [1], un cône de sommet A, dont la base soit le cercle BΓ, le plan du triangle ABΓ contenant l'axe; coupons le cône par un plan dont la trace sur le plan ABΓ soit ZH, parallèle à AΓ, et qui coupe le plan de base suivant la droite ΔE, perpendiculaire au diamètre ZH. Soit enfin une longueur ZΘ qui soit à ZA comme le carré construit sur BΓ est au rectangle de côtés AB, AΓ. — K étant un point quelconque de la section, et KΛ perpendiculaire à ZH, — ZΛ, l'abscisse du point K, est justement la longueur à construire dans la *parabole* de l'aire $\overline{K\Lambda}^2$ faite sur la droite ZΘ. — De là le nom de *parabole* donné à la section plane.

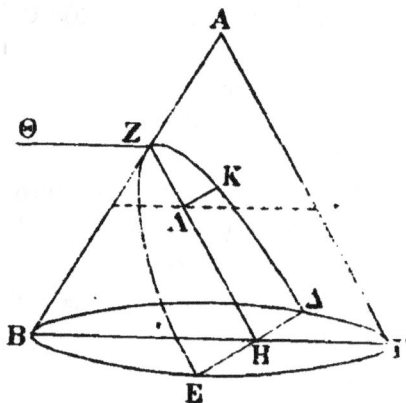

Lorsque ZH n'est plus parallèle à AΓ prop. XII et XIII), Apollonius trouve que ZΛ est toujours la longueur à construire dans la parabole de l'aire $\overline{K\Lambda}^2$, mais, suivant les cas, *en hyperbole* ou *en ellipse* d'un rectangle semblable à un rectangle donné, — faite sur une droite connue. De là les noms d'*hyperbole*

1. Livre I, prop. XI.

10.

et d'*ellipse* aux sections correspondantes. Au fond, c'est la distinction des trois courbes faite d'après l'équation $Y^2 = 2px + qx^2$, où q est nul, positif ou négatif.

II. *Limite et nombre incommensurable.* — Dans le travail d'épuration auquel se sont livrés les géomètres modernes, chassant le plus possible tout postulat intuitif de l'analyse, un des points qui ont le plus frappé est certainement la méthode nouvelle par laquelle se traitent les questions de limite, et, en particulier, la définition des incommensurables. Pour faire comprendre cela aux lecteurs les moins préparés, il suffira de citer un exemple, la définition de $\sqrt{2}$. L'arithmétique apprend à trouver deux nombres entiers consécutifs, deux nombres consécutifs de dixièmes, deux nombres consécutifs de centièmes, etc., dont les carrés comprennent 2. Ainsi 2 est compris

entre le carré de 1 et le carré de 2,
entre le carré de 1,4 et le carré de 1,5.
entre le carré de 1,41 et le carré de 1,42, etc.

De là la formation de deux suites de nombres :

$$1, — 1,4, — 1,41, — \ldots$$
$$2, — 1,5, — 1,42, — \ldots$$

tels que les carrés des premiers restent inférieurs à 2, les carrés des seconds restent supérieurs à 2, et tels aussi que la différence entre un nombre de la première suite et le nombre correspondant de l'autre tombe au-dessous de toute valeur, car elle est successivement 1, — 0,1, — 0,01, … Les nombres de ces deux suites sont ce qu'on appelle les valeurs approchées de $\sqrt{2}$, par défaut ou par excès, à une unité près, à 0,1 près, à 0,01 près, etc. Mais qu'est-ce donc que la racine carrée de 2 elle-même? Il n'existe, on le sait, aucun nombre entier ou fractionnaire dont le carré soit 2. Il n'y a donc pas de racine exacte? Le géomètre n'hésite pas cependant à employer le symbole $\sqrt{2}$ et à lui donner une signification. Comment procède-t-il pour cela [1]?

Il n'y a pas longtemps encore, quelle que fût la façon de présenter les choses dans ce cas, ou dans des cas analogues, on s'appuyait au fond sur une image intuitive. Soient sur une droite, portées dans le même sens à partir d'un point fixe O, des longueurs OA_1, OA_2, ... OA_n mesurées par les nombres de la première suite, et des longueurs OB_1, OB_2, ... OB_n, mesurées par les nombres de la deuxième :

Les points A_1 A_2, ... A_n s'éloignent de O dans le sens de la flèche (1); les points B_1, B_2, ... B_n vont au contraire dans la direction de la flèche (2); la distance A_n B_n tombe d'ailleurs au-dessous de toute

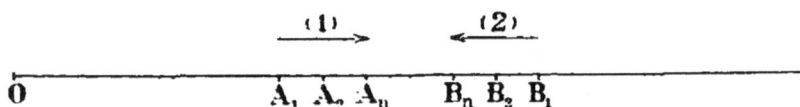

valeur assignable. On voit alors manifestement les deux séries de points tendre vers un point limite qui sépare sur la droite les A et les B.

Aujourd'hui, sous la variété des procédés spéciaux à l'aide desquels on définit $\sqrt{2}$, se trouve cette idée qu'il n'est pas nécessaire de placer sous ce symbole quelque substrat plus ou moins saisissable en lui-même, quelque état d'une grandeur. Il suffit d'y faire correspondre une opération de l'esprit qui consiste purement et simplement à former les deux séries de nombres. Plus généralement, sans s'astreindre à la loi particulière qui nous a permis

---

1. Le lecteur est prié de faire abstraction de ce que $\sqrt{2}$ correspond à la diagonale d'un carré dont le côté est l'unité : il n'aurait plus cette ressource si au lieu de $\sqrt{2}$ il s'agissait, par exemple, de $\sqrt[3]{2}$.

d'écrire dans un certain ordre les valeurs approchées de $\sqrt{2}$, on fait correspondre ce symbole à un mode de répartition des nombres en deux catégories, ceux dont le carré est inférieur à 2 et ceux dont le carré est supérieur à 2; sauf, bien entendu, à étendre à des symboles ainsi définis le sens des opérations fondamentales ordinaires. La méthode du géomètre consiste ainsi au fond à se rapprocher de ce qu'il peut comprendre, de ce qui est son domaine propre, celui de la quantité pure, et à substituer à un état objectif des choses un processus subjectif de l'esprit. Eh bien, en dépit des différences que nous trouvons nécessairement à cet égard quand nous passons des géomètres modernes aux géomètres grecs, ceux-ci manifestaient déjà clairement, sur ces questions mêmes de limite, le besoin instinctif de présenter les choses comme les mathématiciens d'aujourd'hui, c'est-à-dire de tenir compte, dans leurs démonstrations, bien moins de la chose déterminée qui est la limite, que du mouvement de l'esprit qui la cherche.

Deux exemples éclairciront notre pensée.

A. — Euclide démontre, au livre XII, que deux cercles sont entre eux comme les carrés de leurs diamètres, et voici, en substance, quelle est sa démonstration. — Soient O et O' deux cercles, D et D' leurs diamètres. Supposons que le rapport $\frac{D^1}{D'^2}$ soit égal non pas à $\frac{O}{O'}$, mais à $\frac{O}{\Sigma}$, Σ étant une aire différente de O', — je dis qu'on sera conduit à une absurdité. Si, par exemple, Σ est inférieur à O', je pourrai inscrire dans le cercle O' un polygone régulier P' d'un assez grand nombre de côtés pour que la différence entre l'aire de ce polygone et celle du cercle O' tombe au-dessous de la différence entre Σ et O'; dès lors l'aire P' surpassera Σ. Or si, en même temps, nous considérons le polygone régulier P, semblable à P', inscrit dans le cercle O, nous aurons

$$\frac{P}{P'} = \frac{D^2}{D'^2};$$ et, d'après notre hypothèse,

$$\frac{P}{P'} = \frac{O}{\Sigma}$$

oenfin $$O = \frac{\Sigma}{P'}$$

égalité absurde, car P est inférieur à O, tandis que P' est supérieur à Σ.

Le point fondamental de cette démonstration est en somme qu'on peut inscrire dans un cercle un polygone d'un assez grand nombre de côtés pour que la différence entre l'aire de ce polygone et celle du cercle tombe au-dessous de toute valeur assignable. Or comment Euclide le prouve-t-il? Sa méthode revient à considérer, en même temps que le polygone inscrit, le polygone circonscrit formé par les tangentes menées aux sommets du premier. Visant non pas la différence entre le cercle lui-même et le polygone inscrit, mais la différence entre ces deux polygones, c'est d'elle qu'il prouve qu'elle devient aussi petite qu'on veut. L'aire du cercle n'intervient que comme quelque chose de compris toujours entre deux séries de grandeurs et servant à les séparer, plus grand que les polygones inscrits, plus petit que les polygones circonscrits. — L'exemple serait plus saisissant s'il s'agissait de la circonférence du cercle plutôt que de son aire, parce que celle-ci se pose comme quelque chose de déterminé dans l'intuition. Mais ce qu'il y a d'essentiel dans la manière de raisonner d'Euclide subsiste même si l'on écarte cette intuition, et si l'on y substitue la considération des deux suites de polygones.

B. — Un rapport, pour Euclide, c'est une manière d'être de deux grandeurs de même espèce, l'une à l'égard de l'autre, relativement à la quantité. Et l'égalité des deux rapports se définit ainsi (nous traduisons en langage moderne) : $\frac{a}{b}$ est égal à $\frac{c}{d}$ si, quels que soient deux nombres entiers m et p, arbitraire-ment choisis,

$$ma > pb \qquad \text{entraine} \qquad mc > pd,$$
$$ma < pb \qquad \text{entraîne} \qquad mc < pd,$$
$$ma = pb \qquad \text{entraîne} \qquad mc = pd.$$

La définition est trop générale, en ce sens que si ces conditions sont remplies pour certaines séries de valeurs m, p, elles le sont pour toutes, comme c'est facile à montrer [1]. Supposons donc, pour simpli-fier, que nous choisissions pour m les valeurs 10, 100, 1000, etc., et que à une valeur m quelconque nous fassions correspondre la plus grande valeur p telle que a reste supérieur à $\frac{p}{m} b$. Soient $p_1, p_2, p_3,\ldots$ les valeurs de p qui correspondront ainsi à 10, 100, 1000,... pris pour m. a sera supérieur aux nombres $\frac{p_1}{10} b$, $\frac{p_2}{100} b$, $\frac{p_3}{1000} b$,... et sera inférieur au contraire aux nombres

$$\frac{p_1 + 1}{10} b, \quad \frac{p_2 + 1}{100} b, \quad \frac{p_3 + 1}{1000} b, \ldots$$

On peut encore dire que le rapport $\frac{a}{b}$ est compris entre les deux suites de nombres :

$$\frac{p_1}{10}, \quad \frac{p_2}{100}, \quad \frac{p_3}{1000}, \ldots$$

$$\frac{p_1 + 1}{10}, \quad \frac{p_2 + 1}{100}, \quad \frac{p_3 + 1}{1000}, \ldots$$

La définition de l'égalité :

$$\frac{a}{b} = \frac{c}{d}$$

---

1. Cf. Duhamel, *Les méthodes dans les sciences de raisonnement : science des nombres*, chap. VII.

signifie alors que le rapport $\dfrac{c}{d}$ *sera resserré lui aussi entre les deux mêmes suites.*

Mais en présentant les choses de la sorte, et pour nous faire mieux comprendre, nous accentuons le caractère objectif des idées. La notion de la valeur déterminée du rapport qui serait comprise entre deux suites de valeurs ne se trouve pas, à proprement parler, dans la définition d'Euclide. Ce qui reste seulement c'est la répartition de tous les couples de deux nombres entiers que l'on peut former en deux catégories, l'une comprenant des couples tels que $(p_1, 10)$, $(p_2, 100)$,... l'autre comprenant des couples tels que $(p_1 + 1, 10)$, $(p_2 + 1, 100)$.... L'idée de détermination qui seule permet de comprendre que d'un côté du signe $=$ se trouve quelque chose qui se retrouve *le même* de l'autre, est transportée, plus encore que nous le montrions, de la valeur objective d'un état de grandeur, à certain mouvement de la pensée. N'y a-t-il pas de quoi nous édifier dans cette préoccupation du géomètre grec de faire appel, — pour éclairer le donné, pour rendre intelligible ce qui est posé statiquement, pour ainsi dire, dans l'intuition, — au pouvoir dynamique de l'esprit? Voilà bien le trait caractéristique de la façon de procéder de nos mathématiciens d'aujourd'hui : et il faut avouer alors qu'ils témoignent ainsi d'une tendance aussi vieille, et sans doute aussi durable que la mathématique elle-même.

TABLE DES MATIÈRES

Coulommiers. — Imp. PAUL BRODARD. — 846-97.

Original en couleur

NF Z 43-120-8

www.ingramcontent.com/pod-product-compliance
Lightning Source LLC
Chambersburg PA
CBHW072020080426
42733CB00010B/1766